Weil du ein wunderbarer, großartiger, tapfer und liebevoller Junge bist

Inspirierende Geschichten über Mut, Liebe, innere Stärke und Selbstvertrauen

Inhaltsverzeichnen

Vorwort

Liebe junge Leserinnen und Leser, liebe Eltern,

Willkommen, zu "Weil du ein wunderbarer, großartiger und liebevoller Junge bist", einer Sammlung von Geschichten, die dazu gedacht sind, euch auf eine Reise der Entdeckung, des Mutes und der Selbstakzeptanz zu führen. Jede Geschichte in diesem Buch spiegelt eine einzigartige Reise wider, auf der die Charaktere lernen, an sich selbst zu glauben, ihre Ängste zu überwinden und die wahre Bedeutung von Mut und Liebe zu entdecken.

Dieses Buch ist für jeden Jungen da draußen, der daran erinnert werden soll, wie besonders er ist. Es ist auch für Eltern, Erzieher und alle, die im Leben eines jungen Menschen eine Rolle spielen, und die ihre lieben Kleinen auf deren eigenen Lebensreisen unterstützen möchten.

Möge dieses Buch eine Quelle der Inspiration, des Trostes und der Stärke sein. Wir hoffen, dass jede Geschichte nicht nur Freude und Unterhaltung bietet, sondern auch wertvolle Lektionen und Gespräche über Selbstvertrauen, Mut und Liebe fördert.

Der kleine Löwe, der Mut fand

In der weiten, sonnendurchfluteten Savanne lebte ein junger Löwe namens Leo. Anders als seine Brüder und Schwestern, die sich mutig in jedes Abenteuer stürzten, war Leo vorsichtig und zögerlich. Sein Herz war voller Träume, doch seine Furcht hielt ihn zurück.

Eines Tages brach ein gewaltiger Sturm über die Savanne herein. Dunkle Wolken türmten sich auf, und der Wind heulte wie die wilden Geister der Nacht. Inmitten dieses Chaos verirrte sich Leos jüngere Schwester Lila in den tiefen Dschungel. Als die Löwenfamilie Lila's Verschwinden bemerkte, herrschte große Bestürzung.

Trotz seiner Angst fühlte Leo eine tiefe Verantwortung. "Ich muss Lila finden," sagte er mit zitternder Stimme. Mit nichts als seinem Mut bewaffnet, schritt Leo in den unheimlichen Dschungel. Sein Herz klopfte laut, aber die Liebe zu seiner Schwester gab ihm Kraft.

Die Reise war voller Herausforderungen. Leo begegnete schlangenähnlichen Lianen, die in der schwachen Brise flüsterten, und geheimnisvollen Geräuschen, die in der Dämmerung widerhallten. Jedes Geräusch ließ ihn zusammenzucken, jede Bewegung im Unterholz ließ sein Herz schneller schlagen.

Nachdem er tief in den Dschungel vorgedrungen war, hörte Leo ein leises Wimmern. Es war Lila, eingeschlossen zwischen mächtigen Wurzeln einer alten Feigenbaum. Ohne zu zögern, nutzte Leo all seine Stärke, um die Wurzeln beiseitezuschieben und seine Schwester zu befreien.

In diesem Moment, weit weg von den ermutigenden Blicken seiner Familie, fand Leo seinen wahren Mut. Es war nicht die Abwesenheit von Angst, sondern die Entscheidung zu handeln, selbst wenn man sich fürchtet. Mit Lila an seiner Seite machte er sich auf den Rückweg.

Nachdem Leo mit großer Anstrengung seine Schwester Lila befreit hatte, machten sie sich auf den Rückweg. Die Sonne senkte sich langsam am Horizont, und die Schatten im Dschungel wurden länger und dunkler. Leo fühlte sich stärker und mutiger mit jedem Schritt, den er nach Hause machte, und Lila bewunderte ihn für seinen unerwarteten Heldenmut.

Als sie einen schmalen Pfad entlanggingen, der durch dichtes Unterholz führte, spürten sie plötzlich eine bedrohliche Präsenz. Ein tiefes Knurren durchschnitt die Stille des Waldes, und aus dem Schatten trat ein großer, grimmiger Wolf. Seine Augen glühten in der Dämmerung, und seine Zähne blitzten drohend.

Lila klammerte sich ängstlich an Leo, dessen Herz einen Moment lang zu stocken schien. Der Wolf trat näher, seine Augen fest auf die jungen Löwen gerichtet. Leo wusste, dass sie keinen anderen Weg nach Hause hatten – sie mussten an diesem Wolf vorbei.

Er erinnerte sich an die Worte seiner Mutter: "Wahrer Mut bedeutet nicht, keine Angst zu haben, sondern das Richtige zu tun, auch wenn man Angst hat." Mit dieser Erkenntnis trat Leo mutig vor, stellte sich zwischen Lila und den Wolf und brüllte so laut und kraftvoll, wie er noch nie zuvor gebrüllt hatte.

Der Wolf, überrascht von der plötzlichen Entschlossenheit des jungen Löwen, zögerte einen Moment. In diesem Moment der Unsicherheit ergriff Leo die Initiative. Er Schritt entschlossen auf den Wolf zu, während er weiterhin ein donnerndes Brüllen ausstieß.

Der Wolf, der vielleicht nicht mit so viel Mut von einem so jungen Löwen gerechnet hatte, wich zurück. Nach einem letzten, einschüchternden Blick drehte sich der Wolf um und verschwand in den Schatten des Waldes.

Leo und Lila atmeten erleichtert auf. Sie hatten die Gefahr gemeinsam überstanden, und Leo hatte einmal mehr seinen Mut bewiesen. Mit neuem Selbstvertrauen und dem Wissen, dass sie jede Herausforderung gemeinsam meistern können, setzten sie ihren Weg nach Hause fort, bereit für die Wärme und die Feiern, die sie erwarteten.

Als sie endlich zu ihrer Familie zurückkehrten, wurden sie mit Jubel empfangen. Leo, der einmal der Zögerlichste war, wurde nun als Held gefeiert. Aber für Leo war der größte Gewinn nicht der Ruhm, sondern die Erkenntnis, dass Mut in ihm wohnte – er musste ihn nur finden.

Von diesem Tag an war Leo nicht mehr der Löwe, der zurückblieb. Er war Leo, der mutige Löwe, der wusste, dass wahrer Mut bedeutet, sich seinen Ängsten zu stellen und darüber hinauszugehen.

Das Herz eines Helden

In einem lebendigen Wald, wo die Bäume bis in den Himmel zu wachsen schienen und die Sonnenstrahlen sanft durch das dichte Blätterdach fielen, lebte ein kleines Eichhörnchen namens Elli. Elli war kleiner als die anderen Eichhörnchen in ihrem Wald, und manchmal fühlte sie sich unsichtbar inmitten der anderen, die größer und stärker waren.

Aber Elli hatte etwas, das sie nicht hatten: eine grenzenlose Neugier und ein großes Herz. Sie liebte es, anderen zu helfen, sei es beim Sammeln von Nüssen oder beim Bau von Nestern. Doch tief in ihrem Herzen wünschte sich Elli, dass ihre Taten mehr Anerkennung finden würden, dass auch sie als Heldin gesehen werden könnte.

Eines Tages brach in einem Teil des Waldes ein Feuer aus. Panik ergriff die Waldbewohner, als die Flammen immer näher kamen. Während die größeren Tiere ihre Stärke nutzten, um zu versuchen, das Feuer zu bekämpfen, fühlte Elli sich hilflos. Doch dann hatte sie eine Idee.

Elli erinnerte sich an einen kleinen, verborgenen Pfad, den nur sie kannte, weil er zu klein für die anderen war. Schnell ergriff sie die Initiative und führte die jüngeren und schwächeren Tiere durch diesen Pfad in Sicherheit. Ihr Mut und ihre Entschlossenheit inspirierten sogar die größeren Tiere, die ihr folgten und gemeinsam den sicheren Weg fanden.

Als das Feuer gelöscht war und der Wald gerettet wurde, erkannten alle, dass Ellies schnelles Denken und mutige Tat viele Leben gerettet hatte. Sie wurde gefeiert, nicht für ihre körperliche Stärke, sondern für ihre Klugheit, ihren Mut und ihr großes Herz.

Elli lernte, dass wahre Größe nicht in der körperlichen Erscheinung liegt, sondern in den Taten des Mutes und der Freundlichkeit. Und von diesem Tag an wurde Elli nicht nur als kleines Eichhörnchen gesehen, sondern als ein wahrer Held des Waldes.

Max und der Spiegel der Wahrheit

Einleitung:

In einem gemütlichen Haus, versteckt in einer ruhigen Ecke einer lebendigen Stadt, lebte ein Junge namens Max. Max war klug, kreativ und freundlich, aber er sah sich selbst selten durch diese positiven Linsen. Ständig verglich er sich mit seinen Klassenkameraden, immer das Gefühl habend, dass er ihnen nicht gewachsen sei.

Während der Vorbereitung auf ein wichtiges Schulprojekt entdeckte Max eines Tages eine verstaubte alte Truhe auf dem Dachboden. Die Truhe gehörte seinem Urgroßvater und war voll von Tagebüchern, Briefen und Fotografien, die Geschichten von Entschlossenheit, Kreativität und Selbstakzeptanz erzählten.

Besonders fasziniert war Max von den Tagebüchern seines Urgroßvaters, der trotz vieler Widrigkeiten ein erfülltes Leben geführt hatte. Diese Geschichten, gefüllt mit Weisheiten über Selbstwert und Individualität, berührten Max tief und ließen ihn seine eigenen Probleme in einem neuen Licht sehen.

Einige Tage vor der Präsentation im Schulprojekt war Max' Aufregung fast greifbar. Er wusste, dass er gut vorbereitet sein musste, also widmete er jede freie Minute der Vorbereitung. Er übte vor dem Spiegel, vor seinen Stofftieren und sogar vor dem Familienhund, der ihm mit wedelndem Schwanz zuhörte.

Eines Abends beschloss Max, eine Generalprobe vor seiner Familie zu machen. Seine Eltern, seine jüngere Schwester und sogar seine Großeltern, die zu Besuch waren, versammelten sich im Wohnzimmer, gespannt darauf, Max' Präsentation zu sehen. Sie alle wussten, wie wichtig ihm dieses Projekt war und wollten ihre Unterstützung zeigen.

Mit einem tiefen Atemzug begann Max. Zuerst war seine Stimme ein wenig zittrig, und seine Hände zitterten leicht. Aber als er in die ermutigenden Gesichter seiner Familie blickte, fand er langsam, aber sicher seinen Rhythmus. Er erzählte leidenschaftlich von seinem Thema, unterstützt durch die sorgfältig vorbereiteten Notizen und Visualisierungen.

Nachdem er geendet hatte, erfüllte tosender Applaus das Zimmer. Seine Familie war beeindruckt, nicht nur von dem, was er präsentiert hatte, sondern auch von seinem offensichtlichen Engagement und seiner Hingabe. Seine Großeltern waren besonders berührt, zu sehen, wie weit der Junge, den sie so liebten, gekommen war.

PRESENTION

Dieses Erlebnis war für Max ein Wendepunkt. Die Wärme und Anerkennung seiner Familie gaben ihm einen Schub an Selbstvertrauen. Er erkannte, dass seine Bemühungen Früchte trugen und dass er fähig war, seine Ziele zu erreichen, wenn er sich nur selbst treu blieb und hart arbeitete.

Als der entscheidende Tag des Schulprojekts schließlich kam, stand Max am Scheideweg seiner Reise der Selbstfindung. Die Tage und Nächte der Vorbereitung, die familiären Präsentationsabende, und die inspirierenden Geschichten seines Urgroßvaters hatten alle zu diesem Moment beigetragen.

Max fühlte sich bereit und ermutigt, nicht nur durch seine eigene akribische Vorbereitung, sondern auch durch die bedingungslose Unterstützung und den Glauben, den seine Familie in ihn setzte. Die Zweifel, die einst wie Schatten seine Gedanken verdunkelt hatten, waren nun wie der Morgennebel, der unter der wärmenden Sonne verschwindet.

In dem hell erleuchteten Klassenzimmer, mit den Augen seiner Mitschüler und Lehrer auf sich gerichtet, erinnerte sich Max an die Weisheiten seines Urgroßvaters. Er schöpfte Mut aus den überlieferten Erzählungen von Entschlossenheit und Selbstakzeptanz. Heute wollte er nicht nur seine Projektarbeit präsentieren, sondern auch die Früchte seiner persönlichen Entfaltung zeigen.

Mit einer tiefen, beruhigenden Einatmung begann Max seine Präsentation. Seine Worte flossen mit einer Klarheit und Überzeugung, die neu für ihn war. Er stand dort nicht mehr als der Junge, der sich ständig mit anderen verglich, sondern als Max, der seine Einzigartigkeit erkannte und schätzte.

Die Präsentation war mehr als nur eine Aufgabe; es war eine Darstellung von Max' Reise zu Selbstbewusstsein und Eigenständigkeit. Als er seine letzten Sätze aussprach, erfüllte nicht nur der Applaus seiner Klassenkameraden und Lehrer den Raum, sondern auch ein tiefes Gefühl von Stolz und Zufriedenheit in seinem Herzen.

Max hatte gelernt, dass der wahre Wert nicht im Urteil anderer liegt, sondern in der Anerkennung seiner selbst und seiner Fähigkeiten. Er war nicht mehr der unsichere Junge, der er einmal war – er war Max, der Junge mit einem Plan, einem Ziel und einem unerschütterlichen Glauben an sich selbst.

Nach dem Projekt wurde Max nicht nur für seine Arbeit gelobt, sondern erkannte auch einen tiefgreifenden Wandel in sich selbst. Er verstand, dass der echte "Spiegel der Wahrheit" nicht in den Urteilen anderer oder in oberflächlichen Vergleichen liegt, sondern in der Anerkennung seiner eigenen Geschichte, seiner Stärken und seines Potentials.

Nach einem erfolgreichen Tag in der Schule, an dem Max sein Schulprojekt präsentierte und sich selbst übertroffen hatte, wartete eine weitere Überraschung auf ihn. Seine Großeltern, die seine Entwicklung und seinen Erfolg stets mit Freude und Stolz beobachteten, hatten beschlossen, ihm ein besonderes Geschenk zu machen.

Max, wir sind so stolz auf dich und alles, was du erreicht hast", sagte seine Großmutter, während sein Großvater zustimmend nickte. "Wir möchten, dass du dir etwas Besonderes aussuchst, etwas, das dir Freude bereitet."

Voller Aufregung machten sie sich auf den Weg zum lokalen Buchladen, einem gemütlichen Ort voller Geschichten und Abenteuer, der Max schon immer fasziniert hatte. Dort angekommen, ließen seine Großeltern ihn frei wählen, und Max' Augen leuchteten vor Begeisterung.

Nach sorgfältigem Durchstöbern der Regale zog ein bestimmtes Buch Max' Aufmerksamkeit auf sich: "Torjubel und Teamgeist: Das ultimative EM 2024 Fanbuch für Kinder und Jugendliche". Als begeisterter Fußballfan fühlte Max sich sofort zu diesem Buch hingezogen. Es war mehr als nur ein Buch; es war ein Tor zu den aufregenden Momenten des Fußballs, zu Geschichten von Teamgeist und unvergesslichen Siegen.

Das ist es! Das möchte ich haben!", rief Max, und seine Großeltern lächelten, glücklich, ihn so begeistert zu sehen. Sie kauften das Buch, und auf dem Heimweg sprach Max unaufhörlich über die kommende Europameisterschaft und die Teams, die er unterstützen würde.

Das Buch wurde nicht nur ein Fenster zur Welt des Fußballs für Max, sondern auch ein Symbol seiner persönlichen Siege und des Vertrauens, das er in sich selbst gefunden hatte.

Das unerschrockene Geschwisterpaar

In einem kleinen, malerischen Dorf, umgeben von sanften Hügeln und dichten Wäldern, lebten Anna und ihr jüngerer Bruder Lukas. Anna war klug und bedacht, aber sie fürchtete sich vor dem Unbekannten, während Lukas voller Energie und Mut war, jedoch manchmal zu ungestüm handelte. Trotz ihrer Unterschiede hatten die beiden eine unzertrennliche Bindung.

Eines Tages entdeckten Anna und Lukas eine alte Karte auf dem Dachboden ihres Hauses, die zu einem verborgenen Schatz im Herzen des Waldes führte. Getrieben von Neugier und dem Wunsch nach einem Abenteuer, beschlossen sie, sich auf die Suche zu begeben.

Die Reise war voller Herausforderungen: Dunkle, unerforschte Pfade, rätselhafte Hinweise und unerwartete Hindernisse. Anna nutzte ihre Klugheit, um die Rätsel zu lösen, während Lukas' Mut ihnen half, physische Herausforderungen zu überwinden. Doch als sie tiefer in den Wald vordrangen, stießen sie auf eine Prüfung, die sie nur gemeinsam bewältigen konnten – eine wackelige Hängebrücke über einen tiefen Abgrund.

Angst und Zweifel überkamen Anna, während Lukas' Übermut zu wanken begann. In diesem kritischen Moment erkannten sie, dass sie sich aufeinander verlassen mussten. Mit Annas strategischem Denken und Lukas' entschlossenem Handeln gelang es ihnen, die Brücke sicher zu überqueren.

Nachdem Anna und Lukas die wackelige Hängebrücke mit vereinten Kräften überquert hatten, folgten sie dem letzten Hinweis der alten Karte, der sie zu einer verborgenen Lichtung im Herzen des Waldes führte. Dort, unter dem Schatten eines alten Eichenbaums, fanden sie, bedeckt von Moos und Blättern, eine alte, verrostete Truhe.

Mit zitternden Händen und klopfenden Herzen öffneten sie die Truhe. Zu ihrer Überraschung enthielt sie keine Goldmünzen oder schimmernden Edelsteine, sondern war gefüllt mit scheinbar gewöhnlichen Gegenständen: ein verblasstes Foto, ein handgeschriebenes Tagebuch, eine alte Taschenuhr und ein verblichenes Band mit einer Medaille.

Anna hob das Foto auf. Es zeigte eine Gruppe lächelnder Menschen, die mutig vor einer imposanten Bergkulisse posierten. In der Ecke des Bildes erkannten sie ihre Urgroßeltern, jung und abenteuerlustig. Lukas blätterte durch das Tagebuch, das von heldenhaften Geschichten, unerwarteten Freundschaften und der Überwindung von Ängsten berichtete. Die Taschenuhr, die einmal ihrem Urgroßvater gehörte, symbolisierte die Zeit, die sie als Familie zusammen verbracht hatten, und die Medaille war ein Zeichen der Anerkennung für eine mutige Tat.

In diesem Moment verstanden Anna und Lukas, dass der wahre Schatz die Geschichten und Werte waren, die ihre Familie über Generationen hinweg geprägt hatten. Sie lernten, dass Mut nicht die Abwesenheit von Angst bedeutet, sondern die Entscheidung, trotz Angst voranzuschreiten. Die Andenken waren ein lebendiges Testament des Mutes und der Entschlossenheit, die auch in ihren Adern flossen.

Mit neuen Augen sahen sie sich gegenseitig an, nicht mehr als Geschwister, die ihre Schwächen bekämpfen mussten, sondern als ein unerschrockenes Team, bereit, die Welt gemeinsam zu erobern. Sie verließen den Wald nicht nur mit einer Kiste voller Andenken, sondern mit einem erneuerten Gefühl von Identität und dem unerschütterlichen Glauben an die Stärke ihrer Einheit.

Von diesem Tag an wussten sie, dass ihre individuellen Ängste und Schwächen durch ihr gemeinsames Handeln überwunden werden konnten. Das Abenteuer hatte sie nicht nur nähergebracht, sondern auch gezeigt, dass sie gemeinsam jede Herausforderung meistern konnten.

Timmys Traum vom großen Abenteuer

In Lindenau, einer Stadt, die für ihre malerischen Gärten und freundlichen Bewohner bekannt ist, lebte Timmy, ein Junge mit leuchtenden Augen und einer lebhaften Vorstellungskraft. Jede Nacht, eingehüllt in die sanfte Dunkelheit seines Zimmers, träumte Timmy von fernen Galaxien, verborgenen Schätzen und mystischen Kreaturen. Doch bei Tageslicht wurde der Schleier der Furcht über seine Träume gezogen, und die Angst, sie zu verfolgen, lähmte ihn.

An einem sonnigen Nachmittag, der Park war erfüllt vom Klang lachender Kinder und dem Zwitschern der Vögel, beobachtete Timmy einen kleinen Spatz. Der Vogel, nicht größer als Timmys Hand, breitete mutig seine Flügel aus und stieg auf, höher und höher, bis er nur noch ein Punkt am klaren Himmel war. Timmys Herz schlug schneller bei diesem Anblick – eine Eingebung, ein Ruf zum Abenteuer.

In der folgenden Woche wurde Timmys Schule der Austragungsort des jährlichen "Jungen Abenteurers Wettbewerbs", einer Veranstaltung, die dazu entworfen war, Kindern die Gelegenheit zu geben, über sich hinauszuwachsen. Mit dem Bild des mutigen Spatzen noch im Kopf, meldete sich Timmy an.

Die Aufgaben waren vielseitig und fordernd. Eine der ersten Herausforderungen war, einen Parcours zu meistern, der Geschicklichkeit und Mut erforderte. Timmy, dessen Hände zitterten, als er das Kletterseil ergriff, spürte, wie die Angst versuchte, ihn zurückzuhalten. Doch mit jedem Griff, jedem Tritt, der ihn näher zum Ziel brachte, wuchsen sein Mut und seine Entschlossenheit.

Die letzte Prüfung war die schwierigste: Allein im Wald zu übernachten, nur ausgerüstet mit einer Taschenlampe, ein paar Vorräten und einem Zelt. Die Schatten des Waldes, die Geräusche der Nacht – alles schien Timmys Entschluss zu testen. Doch in der Stille der Nacht, unter dem Sternenhimmel, fand Timmy einen ungeahnten Frieden und eine Verbindung zur Natur.

Als er am nächsten Morgen, von den ersten Sonnenstrahlen geweckt, aus dem Zelt kroch, fühlte Timmy sich wie verwandelt. Die Medaille, die er am Ende des Wettbewerbs erhielt, war mehr als nur eine Auszeichnung; sie war ein Symbol für seinen gewonnenen Mut, seine Entschlossenheit und das Überwinden seiner Ängste.

Timmy verstand jetzt, dass wahres Abenteuer nicht immer in fernen Ländern oder in den Seiten eines Buches zu finden ist – manchmal liegt es in den Herausforderungen, die wir uns selbst stellen, und in den Träumen, denen wir mutig folgen.

**Lennarts geheime Freundlichkeit –

In der beschaulichen Stadt Wiesenblick lebte ein Junge namens Lennart. Äußerlich schien Lennart wie jeder andere Junge seines Alters zu sein, doch er besaß eine besondere Eigenschaft: eine tiefe, aufrichtige Freundlichkeit, die er in kleinen, oft unbemerkten Gesten zum Ausdruck brachte.

Lennart war nicht der lauteste oder auffälligste in seiner Klasse. Er suchte nicht nach Anerkennung oder Lob. Stattdessen fand er Freude darin, im Verborgenen Gutes zu tun: Er hinterließ anonyme aufmunternde Notizen in den Schließfächern seiner Mitschüler, half heimlich bei der Reinigung des Klassenzimmers und spendete von seinem Taschengeld an wohltätige Zwecke.

Seine Handlungen blieben oft unbemerkt, doch sie hatten eine Welle der Positivität in Gang gesetzt, die langsam aber sicher das Klima in seiner Schule und seiner Gemeinde veränderte. Die Mitschüler wurden freundlicher zueinander, die Lehrer bemerkten eine positivere Atmosphäre, und selbst die Nachbarn schienen einander mehr zu lächeln.

Das große Geheimnis wurde enthüllt, als eine von Lennarts anonymen Notizen versehentlich seinen Namen trug. Die Schule erfuhr von seinen Taten, und obwohl er zunächst besorgt war, dass sein stilles Wirken nun öffentlich wurde, erlebte er eine Welle der Wertschätzung und Liebe, die ihm zeigte, wie sehr seine kleinen Gesten der Freundlichkeit geschätzt wurden.

Lennart erkannte, dass man nicht laut oder sichtbar sein musste, um einen Unterschied in der Welt zu machen. Seine geheime Freundlichkeit hatte das Leben vieler Menschen berührt, und die daraus resultierende positive Veränderung war weitreichend. Er hatte gelernt, dass die Kraft der Güte, auch wenn sie im Verborgenen ausgeübt wird, eine immense Wirkung entfalten kann.

Von nun an blieb Lennart seiner Natur treu, wissend, dass echte Freundlichkeit oft in den leisesten Taten liegt und dass jeder von uns die Macht hat, die Welt zu einem besseren Ort zu machen, eine freundliche Geste nach der anderen.

Simon und der Stern der Selbstsicherheit

In der stillen Stadt Nebelheim, wo die Nächte klar und die Sterne hell leuchteten, lebte ein Junge namens Simon. Simon war ein Träumer – oft fand man ihn nachts am Fenster, wie er in den sternenübersäten Himmel blickte, insbesondere auf einen Stern, der heller als die anderen strahlte. Doch trotz seiner Träume fühlte Simon sich oft unsicher und zögerte, seine Gedanken und Ideen zu teilen.

Eines Abends, als Simon wieder einmal den Himmel beobachtete, flüsterte er einen Wunsch zum hellsten Stern: „Wie kann ich so leuchten wie du? Wie finde ich den Mut, mich selbst zu sein?" Überraschenderweise flackerte der Stern, als würde er Simons Ruf hören. In dieser Nacht träumte Simon von einer Reise – einer Reise, die ihm helfen würde, sein inneres Licht zu finden.

Am nächsten Morgen fand Simon neben seinem Bett einen kleinen, funkelnden Stein, der sanft leuchtete. Es war ein Stück des Sterns, dachte er. Der Stein fühlte sich warm und tröstlich an, und Simon beschloss, ihn immer bei sich zu tragen.

Der Stein führte Simon auf einen Pfad durch Nebelheim, der ihn an Orte brachte, die er nie zuvor besucht hatte. Seine erste Station war die Bibliothek, ein Ort voller Geschichten und Wissen. Hier traf Simon auf Frau Weber, die Bibliothekarin, die ihn ermutigte, ein Buch über berühmte Redner zu lesen. Während er las, spürte Simon, wie ein Funke Selbstvertrauen in ihm wuchs.

Sein nächstes Ziel war der Musiksaal, wo er auf Herrn Fischer, den Chorleiter, traf. Herr Fischer bemerkte Simons Interesse an der Musik und bat ihn, sich dem Schulchor anzuschließen. Zuerst zögerte Simon, doch als er begann, seine Stimme zu nutzen und mit anderen zu harmonieren, fühlte er, wie seine Selbstsicherheit stärker wurde.

Die Reise ging weiter zum Stadtpark, wo Simon ein Mädchen namens Lena traf, die im Begriff war, eine kleine Bühne für ein Theaterstück zu bauen. Simon bot seine Hilfe an, und zusammen arbeiteten sie an der Kulisse. Lena dankte Simon für seine Unterstützung und erklärte, wie wichtig jede Rolle, auch hinter den Kulissen, für den Erfolg einer Aufführung sei.

Mit jedem Schritt seiner Reise sammelte Simon Momente des Mutes und der Bestätigung. Der funkelnde Stein, sein ständiger Begleiter, schien heller zu leuchten, je mehr Simon über sich selbst lernte.

Schließlich führte der Stein Simon zurück zu seinem Lieblingsplatz am Fenster, von wo aus er seinen Weg begonnen hatte. In dieser Nacht blickte er wieder zum Sternenhimmel. Doch diesmal fühlte er eine Verbindung zu den Sternen, eine Erkenntnis, dass er, wie sie, sein eigenes Licht hatte.

In der Schule, im Unterricht, sogar beim Spielen mit Freunden, spürte Simon eine neue Stärke in sich. Er hatte gelernt, seine Stimme zu nutzen, seine Ideen zu teilen und seine Träume nicht nur zu träumen, sondern zu leben.

Simon und der Stern der Selbstsicherheit ist eine Erzählung über die Reise zur Selbstfindung und die Erkenntnis, dass jeder sein eigenes inneres Licht besitzt, das nur darauf wartet, entdeckt und in die Welt getragen zu werden. Simon hatte gelernt, dass der Schlüssel zur Selbstsicherheit in ihm lag, genährt durch Erfahrungen, Mut und die Unterstützung von anderen.

Noahs Abenteuer mit dem Herzensmut

In dem verschlafenen Dorf Bergquell, umgeben von majestätischen Bergen und tiefen Wäldern, lebte ein Junge namens Noah. Er war bekannt für seine bedachte Art und seine Liebe zur Natur. Doch trotz seiner äußeren Ruhe trug Noah eine Last des Zweifels in sich – er fragte sich oft, ob er wirklich mutig sein könnte, wenn es darauf ankam.

Noah verbrachte seine Tage meist damit, durch die Wälder zu streifen, Tiere zu beobachten und die Ruhe der Natur zu genießen. Er las Bücher über Helden und Abenteurer, die furchtlos und tapfer waren, und wünschte sich insgeheim, auch solche Qualitäten zu besitzen. Doch im Gegensatz zu diesen Helden sah Noah sich selbst nicht als mutig an, vor allem, weil er Konflikten und Gefahren lieber aus dem Weg ging.

Eines Tages, als Noah durch den Wald wanderte, hörte er ein leises Wimmern. Es kam von einem kleinen Rehkitz, das in einem ausgetrockneten Bachbett gefangen war, unfähig, sich zu befreien. Noah zögerte – er hatte Angst, selbst steckenzubleiben oder das Kitz weiter zu verängstigen. Doch als er in die ängstlichen Augen des Tieres blickte, spürte er, wie etwas in ihm erwachte.

Es war ein Gefühl des Mitgefühls, stärker als jede Furcht, das ihn dazu drängte zu handeln. Vorsichtig und mit bedachtem Mut näherte sich Noah dem Kitz und beruhigte es mit sanften Worten. Mit einiger Anstrengung gelang es ihm, das Tier zu befreien. Das Kitz hüpfte davon, und Noah fühlte eine Wärme in seinem Herzen, eine Art von Mut, die er nicht kannte – den Herzensmut.

In den folgenden Tagen wurde Noahs Tat im Dorf bekannt. Er wurde für seine Tapferkeit gelobt, doch für Noah war die wichtigste Erkenntnis, dass Mut nicht immer laut und sichtbar sein musste. Wahre Tapferkeit kam aus dem Herzen, aus dem Mitgefühl und der Bereitschaft, trotz der eigenen Ängste zu helfen.

Noahs Abenteuer mit dem Herzensmut lehrte ihn und die Bewohner von Bergquell, dass jeder auf seine Weise mutig sein kann. Mut bedeutete nicht, keine Angst zu haben, sondern das Richtige zu tun, auch wenn man Angst hat. Noah wurde zu einem Beispiel dafür, wie Herzensmut eine stille, aber kraftvolle Form der Tapferkeit ist.

Inspiriert von seiner Erfahrung, begann Noah, sich weiter für die Tiere und die Natur einzusetzen. Er verstand, dass jeder Beitrag, groß oder klein, wenn er aus dem Herzen kommt, die Welt verändern kann.

Drachen:

Es war einmal ein kleines Dorf, das von einem bösen Drachen terrorisiert wurde. Der Drache hatte das Dorf in Angst und Schrecken versetzt und verlangte von den Dorfbewohnern regelmäßig Tribute in Form von Gold und Edelsteinen.

Als der Morgen graute, band sich Lukas seinen alten, aber vertrauten Mantel um und schaute fest entschlossen in den Spiegel. Er wusste, dass heute der Tag war, an dem sich alles ändern würde – für ihn und für das ganze Dorf. Mit einer kleinen, aber scharfen Klinge an seiner Seite und einem Schild, das mehr von Hoffnung als von Eisen getragen wurde, machte sich Lukas auf den Weg zur Drachenhöhle.

Der Pfad zur Höhle war steinig und von der Asche vergangener Zerstörung gesäumt. Lukas' Herz schlug schneller, je näher er dem Ziel kam. Er dachte an sein Dorf, seine Familie und die Geschichten von Tapferkeit, die ihn seit seiner Kindheit begleitet hatten. Heute würde er seine eigene Geschichte schreiben.

Als Lukas die Höhle erreichte, spürte er die Hitze und den Schwefelgeruch, der aus der Tiefe drang. Der Drache, ein kolossales Wesen mit Schuppen, die wie geschmolzenes Gold glänzten, war tatsächlich damit beschäftigt, ein unschuldiges Schaf zu verschlingen. Lukas spürte eine Mischung aus Angst und Entschlossenheit. Er wusste, dass dies der Moment war, auf den er gewartet hatte.

Als Lukas mit entschlossenen Schritten auf den Drachen zulief, spürte er das Adrenalin durch seine Adern fließen. Der Drache, mit seinen furchteinflößenden Augen fest auf Lukas gerichtet, entfachte eine Flamme in seinem Rachen, bereit, ein feuriges Inferno zu entfesseln.

Lukas, der sich der tödlichen Gefahr bewusst war, wich geschickt zur Seite, als der Drache einen Feuerstrahl aussandte. Die Flammen erhitzten die Luft und verbrannten das trockene Gras am Boden, doch Lukas blieb unversehrt. Er erkannte, dass er gegenüber der rohen Kraft des Drachen agiler sein musste.

Mit einem weiteren mutigen Sprint näherte sich Lukas dem Drachen. Er nutzte die Felsen um die Höhle herum zu seinem Vorteil, bewegte sich schnell und zielgerichtet. Der Drache, irritiert durch die Geschwindigkeit und Wendigkeit seines Gegners, schnappte und spie Feuer in wilden, unkontrollierten Salven.

Lukas erkannte ein Muster in den Bewegungen des Drachen und wartete auf den richtigen Moment. Als der Drache erneut zum Feuerangriff ansetzte, rollte Lukas unter dem Drachen hindurch, vermied die tödlichen Flammen und fand sich direkt unter dem riesigen Leib des Drachen wieder. Mit aller Kraft stieß er sein Schwert in einen der weniger geschützten Bereiche unter den schimmernden Schuppen.

Der Drache brüllte vor Schmerz und Wut, doch Lukas ließ nicht nach. Er zog sein Schwert heraus und wich zurück, bereit für den nächsten Angriff. Der Kampf ging weiter, ein Tanz aus Feuer, Stahl und unerschütterlichem Mut.

Schließlich, nach einem langen und ermüdenden Kampf, gelang es Lukas, einen entscheidenden Schlag zu landen. Das Schwert durchdrang die harte Schuppenpanzerung des Drachen und traf sein Herz. Der Drache stieß einen letzten Schrei aus, bevor er kraftlos zu Boden fiel.

Lukas stand atemlos, aber triumphierend da, sein Schwert tropfte vom Drachenblut. Er hatte das Unmögliche möglich gemacht. Er hatte den

Drachen besiegt und sein Dorf befreit. Mit einem Gefühl von Stolz und Erleichterung machte sich Lukas auf den Rückweg zum Dorf, bereit, die gute Nachricht zu teilen.

Die Dorfbewohner waren begeistert und feierten Lukas als Helden. Von diesem Tag an lebte das Dorf in Frieden und Freiheit. Lukas wurde zum Anführer des Dorfes ernannt und regierte mit Weisheit und Güte.

Nachdem Lukas den Drachen besiegt hatte, veränderte sich das Dorf radikal. Die Dorfbewohner begannen, ihre Häuser neu aufzubauen und die Spuren der jahrelangen Unterdrückung des Drachen zu beseitigen. Lukas half aktiv dabei, das Dorf zu renovieren und organisierte gemeinschaftliche Projekte, um die Gemeinschaft zu stärken.

In den Wochen nach dem Sieg über den Drachen begannen sich Geschichten über Lukas' Heldentat zu verbreiten, nicht nur im Dorf, sondern auch in benachbarten Siedlungen. Andere Gemeinschaften, die ebenfalls unter der Bedrohung von Drachen oder anderen Gefahren litten, hörten von Lukas' Tapferkeit und suchten seine Hilfe.

Tara und Timmy: Ein tierisches Abenteuer

Als die Sonne am Himmel höher stieg, wurde Timmys fröhliches Spiel von einem tiefen, grollenden Geräusch unterbrochen. Verwirrt und ein wenig ängstlich blickte er auf und sah Timo, den mächtigen Tiger, der mit funkelnden Augen auf ihn herabschaute. Timmy wusste, dass er in Schwierigkeiten war, aber er war zu erschrocken, um sich zu bewegen.

In der Zwischenzeit, am anderen Ende des Waldes, bemerkte Tara, die kluge Schildkröte, eine ungewöhnliche Stille. Sie spürte, dass etwas nicht stimmte. Mit ihrer angeborenen Weisheit und tiefen Verbindung zum Wald fühlte sie, dass einer ihrer Freunde in Gefahr sein könnte. Ohne zu zögern, machte sie sich auf den Weg, der Ursache dieser Störung auf den Grund zu gehen.

Unterwegs begegnete Tara verschiedenen Waldtieren, die von der bedrohlichen Präsenz des Tigers gehört hatten. Mit jedem Stück Information, das sie sammelte, wuchs ihre Sorge um Timmy. Tara wusste, dass sie trotz ihrer langsamen Geschwindigkeit einen Weg finden musste, um zu helfen. Ihre Entschlossenheit verstärkte sich mit jedem Schritt, den sie in Richtung des Ortes machte, wo Timmy und Timo waren.

Tara erreichte schließlich die Lichtung, wo Timo, der mächtige Tiger, drohend über dem zitternden Timmy stand. Sie beobachtete die Szene aus einem sicheren Versteck und überlegte fieberhaft. Ihr Herz pochte vor Sorge um Timmy, aber ihre Entschlossenheit ließ sie nach einer Lösung suchen.

Nach einem Moment der Stille kam ihr eine Idee. Tara wusste, dass sie Timo ablenken musste, um Timmy eine Chance zur Flucht zu geben. Sie erinnerte sich an die Waldtiere, die sie auf ihrem Weg getroffen hatte, und beschloss, sie um Hilfe zu bitten. Mit einem tiefen Atemzug gab Tara ein lautes Signal, das Echo durch den Wald hallte und ihre tierischen Freunde herbeirief.

Innerhalb weniger Augenblicke kamen Vögel, Eichhörnchen, Hasen und sogar ein paar Rehe zusammen, um Tara zu unterstützen. Unter Taras Anleitung bereiteten sie eine Ablenkungsaktion vor. Die Vögel begannen, über dem Kopf des Tigers zu kreisen und laut zu zwitschern, während die Eichhörnchen von Baum zu Baum huschten, um seine Aufmerksamkeit zu erregen.

In dem Moment, als Timo verwirrt nach oben blickte und die kleinen Tiere zu verfolgen versuchte, flüsterte Tara Timmy zu, er solle sich langsam zurückziehen. Mit jedem vorsichtigen Schritt, den er von dem Tiger weg machte, wuchs Timmys Hoffnung, dieser gefährlichen Situation zu entkommen.

Während Timo mit den Ablenkungen beschäftigt war, nutzte Timmy seine Chance und schlich sich leise aus dem Gefahrenbereich. Tara beobachtete ihn, bereit einzugreifen, falls er Hilfe brauchen sollte. Doch Timmy, ermutigt durch Taras Mut und den Einsatz der anderen Tiere, fand seinen Weg in die Sicherheit.

Mit Timmy außer Gefahr atmeten Tara und ihre Freunde erleichtert auf. Doch ihre Mission war noch nicht vorbei – Tara hatte noch vor, Timo eine wichtige Lektion zu erteilen.

Nachdem Timmy sicher entkommen war, wandte sich Tara dem Tiger zu. Timo, nun ruhiger und ein wenig verwirrt über das Geschehene, blickte auf die kleine Schildkröte, die mutig vor ihm stand. Tara, ohne Furcht in ihrer Stimme, sprach zu Timo über die Wichtigkeit von Freundschaft und das Verstehen der Gefühle anderer.

Timo", begann sie, "im Wald leben wir alle zusammen. Wir teilen die gleiche Luft, das gleiche Wasser und die gleichen Wege. Jeder von uns hat eine Rolle zu spielen, und jeder von uns verdient Respekt und Verständnis."

Timo, der Tiger, der bisher nur seine Stärke und Macht kannte, fühlte etwas Neues in seinem Herzen. Die Worte der weisen Schildkröte hallten in ihm wider, und er begann zu verstehen, dass wahrer Mut nicht in der Überlegenheit über andere liegt, sondern im Miteinander und in der Fürsorge.

In diesem Moment des Nachdenkens erkannte Timo seine Fehler und sah ein, dass er Angst und Schrecken im Wald verbreitet hatte, anstatt ein Teil der Gemeinschaft zu sein. Mit gesenktem Kopf näherte er sich Tara und Timmy, die nun wieder zusammenstanden, und sprach: "Ich danke euch, dass ihr mir die Augen geöffnet habt. Ich möchte lernen, ein besserer Nachbar im Wald zu sein."

Von diesem Tag an änderte Timo sein Verhalten. Er begann, den anderen Tieren im Wald zu helfen, statt ihnen Angst einzujagen. Tara, Timmy und die anderen Waldtiere nahmen ihn als Freund auf, und der Wald wurde ein noch friedlicherer Ort, wo jeder das Lied des Lebens in Harmonie sang.

Hans hilft seinem Opa im Garten

Als Hans an diesem strahlenden Morgen den Garten seines Opas betrat, sprudelte er vor Aufregung. Die Sonne schien warm und ein sanfter Wind trug den Duft von Blumen und frischer Erde zu ihm. Seine Augen leuchteten, als er die Vielfalt der Farben und Formen sah, die sich vor ihm ausbreiteten – ein wahres Mosaik des Lebens.

Hallo, Hans!" rief sein Opa, der mit einem freundlichen Lächeln am Gartentor stand. Hans rannte zu ihm, und sie umarmten sich herzlich. Opa war mehr als nur ein Großvater; er war Hans' Held, ein Weiser, der die Geheimnisse der Natur kannte.

Während sie gemeinsam in den Garten gingen, führte Opa Hans herum und zeigte ihm die flatternden Schmetterlinge, die summenden Bienen und die verschiedenen Blumen und Gemüsepflanzen, die in wohlgeordneten Reihen wuchsen. Hans' Augen folgten jedem Schmetterling, jeder Biene, und er lauschte fasziniert, als Opa die Namen der verschiedenen Pflanzen nannte.

Der Garten war ein Ort der Wunder, ein Platz, an dem das Leben in all seinen Formen gedieh. Es war, als würde jeder Baum, jede Blume eine Geschichte erzählen, und Hans konnte es kaum erwarten, all diese Geschichten zu entdecken und zu lernen, wie er selbst ein Teil von ihnen werden konnte.

Jeder Teil dieses Gartens hat seine eigene Magie, Hans", sagte Opa, während sie durch einen Pfad aus Steinplatten gingen. "Und du wirst sehen, dass, wenn du dich um die Natur kümmerst, sie dir immer etwas zurückgibt."

Mit einem Lächeln, das so warm war wie die Morgensonne, nahm Hans die Hand seines Opas. Er wusste, dass dies nicht nur ein Besuch sein würde. Es war der Beginn eines Abenteuers, ein Sommer, der ihn lehren würde, zu pflanzen, zu pflegen und zu wachsen – nicht nur im Garten, sondern auch in seinem Herzen.

Nachdem sie den Garten durchquert hatten, führte Opa Hans zu einer kleinen, gemütlichen Bank unter einem üppig blühenden Apfelbaum. "Bevor wir beginnen, Hans, lass uns hier einen Moment sitzen. Es gibt etwas, das ich mit dir teilen möchte," sagte Opa, seine Augen funkelten vor Vorfreude.

Hans setzte sich neben ihn, seine kleinen Beine baumelten in der Luft. Er sah zu Opa auf, der tief durchatmete, als wolle er den Duft des Gartens in sich aufnehmen. "Siehst du, Hans," begann Opa, "dieser Garten ist nicht nur ein Ort, an dem Pflanzen wachsen. Es ist ein Ort, an dem auch wir wachsen – lernen, geduldig zu sein, fürsorglich und achtsam."

Hans hörte gespannt zu, während Opa weitererzählte. "Jede Blume, jedes Gemüse, dass du hier siehst, hat eine Lektion zu lehren. Über das Wetter, die Erde, die Insekten – über das Leben selbst." Hans' Augen weiteten sich in Staunen. Der Garten, der schon magisch erschien, wurde nun zu einem Buch voller Geschichten, die darauf warteten, gelesen zu werden.

Nach dieser kurzen Einführung standen sie auf. "Jetzt, wo du verstehst, wie besonders dieser Ort ist, lass uns beginnen. Deine erste Lektion wird sein, zu säen," verkündete Opa, während er zu einem kleinen Schuppen ging und eine Schachtel mit verschiedenen Samen herausbrachte.

Zusammen wählten sie einen kleinen Abschnitt im Garten. Opa zeigte Hans, wie man den Boden vorbereitet – ihn lockert, Steine und Unkraut entfernt. "Der Boden muss genauso bereit sein zu empfangen, wie die Samen bereit sind zu wachsen," erklärte er.

Hans folgte jedem Schritt sorgfältig, fühlte die kühle Erde in seinen Händen, und als er die kleinen Samen in die Furchen legte, die sie gemacht hatten, spürte er eine neue Verbindung – nicht nur zum Garten, sondern auch zu seinem Opa, der ihm geduldig jede Bewegung erklärte.

Jetzt müssen wir sie gießen," sagte Opa, und sie füllten eine Gießkanne mit Wasser. Hans durfte das Wasser über die frisch gesäten Samen gießen, ein Akt, der ihm ein Gefühl von Verantwortung verlieh. "Wasser ist wie Liebe, Hans. Gib zu viel, und die Pflanzen ertrinken. Gib zu wenig, und sie verdursten. Du musst genau das richtige Maß finden."

Als sie fertig waren, lehnte Hans sich zurück und blickte auf das kleine Stück Erde, das nun die Samen seines ersten Gartens beherbergte. Ein Gefühl von Stolz erfüllte ihn, gemischt mit einer neuen Neugierde auf das, was kommen würde.

"Und jetzt, mein kleiner Gärtner," sagte Opa mit einem schelmischen Lächeln, "beginnt das Warten. Denn Geduld ist eine der wichtigsten Lektionen, die der Garten uns lehrt."

Hans nickte, sein Herz voller Vorfreude auf die Tage, die vor ihm lagen, und auf die Lektionen, die der Garten und sein Opa noch zu lehren hatten.

In den folgenden Wochen besuchte Hans seinen Opa regelmäßig, und jeder Besuch war eine neue Lektion im Garten des Lebens. Die Samen, die sie zusammen gesät hatten, begannen zu sprießen, ein Prozess, der Hans sowohl Verwunderung als auch Geduld lehrte.

*1. **Lektion über Pflanzenwachstum: ***

Eines Tages zeigte Opa Hans, wie die kleinen Keimlinge aus der Erde brachen. "Siehst du, Hans, jede Pflanze hat ihren eigenen Rhythmus. Einige wachsen schnell, andere benötigen mehr Zeit. Genau wie Menschen," erklärte Opa. Hans lernte, die Wachstumsphasen der Pflanzen zu beobachten und zu erkennen, wie wichtig Sonnenlicht, Wasser und gute Erde sind.

*2. **Die Bedeutung der Bienen: ***

Während sie die blühenden Blumen im Garten betrachteten, erzählte Opa Hans von der Rolle der Bienen bei der Bestäubung. Sie beobachteten die Bienen, wie sie von Blüte zu Blüte flogen. "Ohne Bienen gäbe es viele Früchte oder Gemüsesorten nicht," sagte Opa. Diese Lektion verstärkte Hans' Wertschätzung für die Natur und lehrte ihn die Bedeutung jeder Kreatur im Ökosystem.

*3. **Der Kreislauf des Lebens: ***

Als sie eines Tages eine welkende Pflanze im Garten fanden, nutzte Opa die Gelegenheit, um über den Lebenszyklus zu sprechen. Er erklärte, wie Pflanzen wachsen, blühen, Samen produzieren und schließlich vergehen, um Nährstoffe für den Boden zu liefern. "Nichts in der Natur geht verloren, Hans. Alles ist ein Teil des großen Kreislaufs des Lebens," lehrte Opa.

4. **Verantwortung und Fürsorge: **

Hans übernahm allmählich mehr Verantwortung im Garten. Er lernte, wie man Unkraut vorsichtig entfernt, ohne die Wurzeln der Nachbarpflanzen zu stören. Opa zeigte ihm, wie man Pflanzen richtig beschneidet, um ihr Wachstum zu fördern. Diese Aufgaben lehrten Hans nicht nur über Gartenarbeit, sondern auch über die Bedeutung von Fürsorge und Aufmerksamkeit für das Wohlergehen anderer.

5. **Geduld und Belohnung: **

Der vielleicht wichtigste Lektionszyklus war der der Geduld. Hans beobachtete, wie die Pflanzen langsam größer wurden und begann zu verstehen, dass die meisten Dinge im Leben Zeit brauchen. Als schließlich die ersten Tomaten rot wurden und die ersten Blumen blühten, erlebte Hans die Freude der Belohnung nach harter Arbeit und Geduld.

Jede dieser Lektionen verband Hans nicht nur tiefer mit der Natur, sondern stärkte auch die Bindung zu seinem Opa, der ihm zeigte, dass jedes kleine Blatt, jeder Tropfen Wasser und jedes Insekt seine eigene Geschichte und Bedeutung hat.

Nach mehreren Wochen des Lernens und Helfens im Garten näherte sich der Sommer seinem Höhepunkt. Der Garten stand in voller Blüte, und die Früchte ihrer Arbeit waren nun überall sichtbar. Hans hatte gelernt, zu säen, zu pflegen und zu ernten, und jede dieser Tätigkeiten hatte ihm Freude und Stolz bereitet.

Eines Tages, als Hans zum Garten kam, sah er, dass Opa nicht wie üblich an der Pforte wartete. Stattdessen fand er eine Notiz am Gartentor: „Hans, folge dem Pfad und entdecke das Geheimnis des Gartens.“ Mit einem Gefühl von Abenteuer begann Hans, den gewundenen Pfad zu folgen, der ihn tiefer in den Garten führte als je zuvor.

Der Pfad endete an einem verborgenen Teil des Gartens, den Hans noch nie zuvor gesehen hatte. Hier, umgeben von hohen Bäumen, entdeckte er einen kleinen Teich, dessen Oberfläche wie ein Spiegel die Wolken und das strahlende Blau des Himmels reflektierte. Am Rand des Teiches stand ein Baum, anders als alle, die Hans kannte, beladen mit goldenen Früchten, die im Sonnenlicht funkelten.

Unter dem Baum saß Opa, lächelnd, als er Hans sah. "Dieser Ort," begann Opa, "ist das Herz des Gartens, ein Ort der Stille, des Nachdenkens und der Wunder. Ich wollte dir zeigen, dass, während wir in der Erde arbeiten, die wahre Magie der Natur oft in den stillen Momenten liegt, in denen wir einfach beobachten und wertschätzen."

Hans setzte sich neben Opa, und zusammen aßen sie von den goldenen Früchten, während sie dem sanften Plätschern des Wassers und dem Gesang der Vögel lauschten. In diesem Moment erkannte Hans, dass sein Abenteuer im Garten nicht nur darum ging, Pflanzen wachsen zu sehen, sondern auch darum, zu lernen, mit der Natur im Einklang zu sein und ihre tieferen Geheimnisse zu schätzen.

Der Garten lehrt uns, geduldig zu sein, zu nähren und zu schützen,"sagte Opa, "aber er lehrt uns auch, die Schönheit in der Ruhe zu finden, in der einfachen Existenz jedes Blattes, jeder Blüte, jedes Vogels. Das ist das größte Geheimnis, mein Junge."

Hans fühlte, wie sich sein Herz mit einer Mischung aus Frieden und Erstaunen füllte. Er wusste, dass dieser Moment, diese Lektion, für immer bei ihm bleiben würde, ein kostbarer Schatz, genährt durch die Liebe und Weisheit seines Großvaters.

Als der Sommer zu Ende ging, reflektierte Hans über die Zeit, die er im Garten seines Opas verbracht hatte. Jeder Tag hatte ihm etwas Neues beigebracht, nicht nur über Pflanzen und Tiere, sondern auch über sich selbst und die Verbindungen, die alles im Leben zusammenhalten.

Hans stand eines Nachmittags allein im Garten, blickte auf die Beete, die er mitgeholfen hatte zu kultivieren, und fühlte ein tiefes Gefühl der Zufriedenheit. Die Tomaten waren reif, die Blumen in voller Blüte, und die Bäume trugen schwer an ihrer Fracht. Er erinnerte sich daran, wie diese Pflanzen einmal nur winzige Samen in seiner Hand waren, und jetzt standen sie hier, stark und lebendig.

In diesem Moment verstand Hans, dass der Garten mehr als ein Ort zum Pflanzen war; er war ein Ort des Wachstums – das Wachstum von Pflanzen, das Wachstum von Ideen und das Wachstum von Charakter. Der Garten hatte ihm gezeigt, dass mit Geduld, Fürsorge und Respekt vor dem Leben, sowohl die Natur als auch Menschen gedeihen können.

Als Opa zu ihm trat, legte er eine Hand auf Hans' Schulter. "Du hast viel gelernt, Hans. Ich bin stolz auf dich," sagte er mit einem Lächeln. Hans blickte zu ihm auf, seine Augen voller Dankbarkeit. "Danke, Opa. Dieser Sommer hat alles für mich verändert," antwortete er.

Zusammen standen sie da, umgeben von der Schönheit des Gartens, ein Sinnbild für das Leben und die Lektionen, die es bereithält. Hans wusste, dass, obwohl der Sommer enden würde, die Erinnerungen und Lektionen, die er im Garten gelernt hatte, für immer bei ihm bleiben würden.

Und so endete ein Kapitel in Hans' Leben, aber das Wissen und die Liebe zum Garten und die besondere Bindung zu seinem Opa würden weiterwachsen, genau wie die Pflanzen, die sie gemeinsam genährt hatten.

Während wir das Ende von Hans' Sommergeschichte erreichen, lädt uns sein Abenteuer ein, die Wunder unserer eigenen Welt zu erkunden. Jeder Garten, Park oder Wald in unserer Nähe hält unzählige Geheimnisse bereit, die darauf warten, entdeckt zu werden.

Vielleicht gibt es einen kleinen oder großen Garten in deinem Leben, ein besonderer Ort, der darauf wartet, mit dir zu sprechen und seine Geschichten zu teilen. Erinnere dich, wie Hans gelernt hat: Jede Pflanze, jedes Tier und jedes Insekt hat seine eigene Rolle in dem großen, wunderschönen Tapestry des Lebens.

Also, nimm dir einen Moment Zeit, um nach draußen zu gehen, atme tief ein und schaue dich um. Sei neugierig, sei geduldig und vor allem, sei offen für die Lektionen, die die Natur zu lehren hat. Wer weiß, welche Entdeckungen auf dich warten, welche Verbindungen du knüpfen kannst und welche Wunder du erleben wirst.

Hans' Geschichte mag zu Ende sein, aber deine eigene Geschichte, dein eigenes Abenteuer mit der Natur, fängt gerade erst an. Wo wirst du hingehen? Was wirst du entdecken? Und wie wirst du wachsen?

Jonas und der mutige Schritt

In Wellenfall, einem Dorf, das sich dort erstreckte, wo der Himmel das Meer küsst, lebte Jonas. Seine Welt war eine aus Farben und Formen, aus Geschichten und Träumen, doch eine Grenze hatte sie: das Ufer des Meeres. Das Wasser, so endlos und tief, war für Jonas eine Quelle der Angst, ein Rätsel, das er nicht zu lösen wagte.

Die Sommer in Wellenfall waren erfüllt von Sonne, Gelächter und dem Rhythmus der Wellen. Kinder bauten Sandburgen, jagten einander und tauchten in die Geheimnisse des Wassers ein. Jonas, obwohl umgeben von Freuden, fand sich am Rand dieser Freude wieder, gebunden durch die Ketten seiner Furcht.

Als jedoch ein Tag kam, an dem ein kleiner Junge, der die Wellen noch nicht kannte, ins Wanken geriet, sah Jonas ihn mit weit aufgerissenen Augen um Hilfe rufen. In diesem Moment, als die Zeit zu stocken schien, spürte Jonas, wie eine stille Kraft in ihm erwachte. Seine Füße bewegten sich fast gegen seinen Willen, und ehe er es wusste, spürte er das kühle Nass um seine Beine, dann um seinen Leib.

Mit zitternden Händen und flatterndem Herzen zog Jonas den Jungen ans Ufer. Rundherum klatschten die Dorfbewohner Beifall, aber die wahre Veränderung geschah in Jonas – eine Wandlung, die tief in seinem Inneren begann.

Angespornt durch seine Tat und das neu entdeckte Gefühl von Stärke, suchte Jonas die Hilfe von Herrn Martens, einem alten Seemann und Schwimmlehrer. Tag für Tag tauchte Jonas tiefer in die Welt des Wassers ein, lernte seinen Atem zu kontrollieren, den Wellen zu trotzen und schließlich das Wasser als Freund zu sehen, nicht als Feind.

Schluss:

Als der Sommer sich dem Ende zuneigte, war Jonas nicht mehr der Junge, der vom Ufer aus zuschaute. Er war ein Teil der Meeresgemeinschaft, spielte und lachte mit den anderen, getragen von den Wellen, die einst seine Furcht waren.

Die Geschichte von "Jonas und der mutige Schritt" ist eine Erinnerung daran, dass die größten Ängste überwunden werden können, wenn man den Mut findet, den ersten Schritt zu tun. Es ist eine Ode an die Kraft des Herzens, das selbst die tiefsten Meere durchqueren kann, wenn es von Mut und Hoffnung erfüllt ist.

Carl und der Zauber des Selbstwertgefühls

Carl war ein kluger und freundlicher Junge, doch wegen seiner kleinen Statur wurde er oft von seinen Klassenkameraden gehänselt. Sie nannten ihn Namen und machten sich über seine Größe lustig, was Carl traurig und einsam machte.

Eines Tages, als Carl durch den Park schlenderte, traf er eine alte, weise Eule, die auf einem Ast saß. Die Eule, die Carls Kummer zu spüren schien, sprach zu ihm: "Warum lässt du die Worte der anderen deinen Wert bestimmen, Carl? Wahre Größe kommt nicht von der Höhe, die man erreicht, sondern von der Tiefe des Charakters.

A True greatness comes from fron character,
not hararacter, not stataure.

Die Eule erzählte Carl von großen Persönlichkeiten der Geschichte, die trotz körperlicher oder anderer Herausforderungen Außergewöhnliches erreicht hatten. Sie sprach von Wissenschaftlern, Künstlern und Führern, deren Größe in ihren Taten und ihrem Einfluss lag, nicht in ihrer Körpergröße.

Inspiriert von den Geschichten, begann Carl, seine Perspektive zu ändern. Er erkannte, dass er einzigartige Talente und Fähigkeiten hatte, die nichts mit seiner Körpergröße zu tun hatten. Er begann, sich auf das zu konzentrieren, was er gut konnte, und fand Freude darin, sich in Projekte und Aktivitäten einzubringen, die ihm am Herzen lagen.

Mit der Zeit bemerkten auch die anderen Kinder, wie viel Carl zu bieten hatte. Sie sahen, wie er mit Begeisterung an seinen Projekten arbeitete und wie er anderen mit Freundlichkeit und Intelligenz begegnete. Das Mobbing ließ nach, und einige der Kinder begannen sogar, Carls Freundschaft zu suchen.

Carl lernte, dass sein Wert nicht von der Meinung anderer abhängig war. Er verstand, dass er, so wie er war, wertvoll und fähig war, Großes zu erreichen. Er erkannte, dass wahre Größe in dem Mut liegt, man selbst zu sein, und in der Güte, die man anderen entgegenbringt.

Adams Himmelsreise: Eine Geschichte über Mut und Überwindung

Kapitel 1: Der stürmische Tag

An einem sonnigen Nachmittag, in einem kleinen gemütlichen Haus am Rande der Stadt, saß Adam, ein aufgeweckter 8-jähriger Junge mit leuchtenden Augen und einem Kopf voller Locken, in seinem Zimmer. Überall lagen Spielzeuge verstreut, von bunten Bausteinen bis hin zu glänzende kleine Flugzeuge. Doch trotz der vielen Flugzeuge im Zimmer gab es ein Geheimnis, das Adam sorgsam hütete: Er hatte Angst vor dem Fliegen.

Adams Zimmer war sein sicherer Hafen, ein Ort, an dem er Kapitän seiner eigenen Abenteuer sein konnte, ohne die Erde zu verlassen. An der Wand hing eine große, handgemalte Weltkarte, gesprenkelt mit kleinen Flaggen an den Orten, von denen er träumte, sie eines Tages zu besuchen. Doch der Gedanke daran, in ein richtiges Flugzeug zu steigen, ließ sein Herz schneller schlagen, und nicht vor Aufregung.

An diesem Tag war etwas anders. Seine Mutter rief ihn zum Abendessen, aber ihre Stimme klang ernster als sonst. Adam spürte, dass eine Veränderung in der Luft lag. Während des Essens teilten seine Eltern ihm mit, dass sie eine Reise geplant hatten. Eine Reise, die nicht mit dem Auto, dem Zug oder dem Schiff, sondern mit einem Flugzeug erfolgen würde.

Adams Gabel blieb in der Luft hängen. "Ein Flugzeug?" Seine Stimme war kaum mehr als ein Flüstern.

"Ja, mein Schatz," antwortete seine Mutter sanft, "es wird eine wunderbare Erfahrung. Du wirst sehen, Fliegen ist etwas ganz Besonderes."

Aber Adam fühlte sich nicht besonders. Er fühlte sich ängstlich. Die Vorstellung, hoch über den Wolken zu sein, war für ihn so beängstigend wie ein Alptraum. Doch er sah den aufgeregten Glanz in den Augen seiner Eltern und wusste, dass er ihnen seine Angst nicht zeigen konnte.

Nach dem Abendessen zog sich Adam zurück in sein Zimmer, umgeben von seinen Flugzeugspielzeugen, die plötzlich nicht mehr so harmlos aussahen. Sie erinnerten ihn an die bevorstehende Reise, an die unermessliche Höhe, an das unbekannte Brummen des Flugzeugmotors.

Draußen zogen dunkle Wolken auf, und ein stürmischer Wind begann zu wehen. Adam drückte seine Nase gegen das kühle Fensterglas und beobachtete, wie die Bäume sich bogen und schwankten. Der Sturm draußen spiegelte den Aufruhr in seinem Inneren wider.

Nach dem Abendessen, als das letzte Geschirr gespült und weggeräumt war, zögerte Adam einen Moment. Er spürte, wie die Worte, die er sagen wollte, in seinem Hals klemmten. Schließlich fand er den Mut und ging zu seinen Eltern, die im Wohnzimmer saßen.

"Mama, Papa, kann ich mit euch reden?" begann Adam zögerlich, während er auf den weichen Teppich starrte.

Natürlich, sein Vater nickte und machte eine einladende Geste auf dem Sofa. "Was beschäftigt dich, mein Junge?"

Es dauerte einen Moment, bis Adam antwortete. "Es geht um die Reise... das Fliegen." Seine Stimme war kaum mehr als ein Flüstern, aber sie trug genug Gewicht, um den Raum zu füllen.

Seine Mutter lächelte ihm warm zu. "Was ist mit dem Fliegen, Schatz?"

Adam schluckte hart. "Ich... ich habe Angst," gestand er und fühlte, wie die Worte ihn befreiten und gleichzeitig verletzlicher machten.

Seine Eltern tauschten einen Blick, der sowohl Verständnis als auch Sorge ausdrückte. Seine Mutter beugte sich vor, ihre Augen voller

Mitgefühl. "Adam, es ist völlig normal, Angst zu haben. Aber wir sind hier, um dir zu helfen. Was genau macht dir Angst beim Fliegen?"

"Alles," gab Adam zu. "Das Geräusch, die Höhe, die Vorstellung, dass wir in der Luft sind... Es fühlt sich alles so... unsicher an."

Sein Vater legte eine beruhigende Hand auf seine Schulter. "Weißt du, Adam, ich hatte als Kind auch Angst vor dem Fliegen. Es ist schwer zu glauben, nicht wahr?" Er lächelte. "Aber es gibt viele Dinge, die uns dabei helfen können, uns sicherer zu fühlen."

"Wir können zusammen etwas über Flugzeuge lernen," schlug seine Mutter vor. "Manchmal kann Wissen über die Dinge, die uns Angst machen, wirklich helfen."

"Und wir können einige Spiele spielen oder Geschichten erfinden, um uns abzulenken, während wir in der Luft sind," fügte sein Vater hinzu.

Adams Augen leuchteten ein wenig auf. "Könnten wir das wirklich tun?"

"Natürlich," bestätigte seine Mutter. "Und wir sind die ganze Zeit bei dir. Du kannst uns jederzeit anfassen oder mit uns sprechen, wenn du dich unsicher fühlst."

"Es geht darum, Schritt für Schritt vorzugehen," erklärte sein Vater. "Und wir werden jeden Schritt gemeinsam machen."

Adam fühlte, wie ein winziges Lächeln seinen Mund umspielte. Die Angst war immer noch da, aber sie fühlte sich ein wenig leichter an, jetzt, wo er wusste, dass er nicht allein war.

"Danke, Mama und Papa," flüsterte er und fühlte sich ein bisschen mutiger, als er an ihre bevorstehende Reise dachte.

In dieser Nacht, während der Regen gegen die Fensterscheiben trommelte, lag Adam wach und stellte sich vor, wie es wäre, durch die Wolken zu fliegen. Trotz seiner Angst konnte er einen Funken Neugier nicht unterdrücken. Was würde er von dort oben sehen? Wie würde es sich anfühlen, über den Wolken zu schweben?

Mit diesen widersprüchlichen Gefühlen schlief Adam schließlich ein, träumte von weiten Himmeln und neuen Horizonten, aber auch von dem Mut, den er brauchen würde, um sie zu erkunden.

Kapitel 2: Vorbereitungen und Strategien

Am nächsten Morgen, als die Sonne durch die Vorhänge schimmerte und das Zimmer mit einem warmen Licht erfüllte, setzte sich Adams Familie mit einem Laptop am Küchentisch zusammen. "Heute werden wir ein paar Dinge über Flugzeuge und das Fliegen lernen," sagte Adams Mutter, während sie den Laptop aufklappte.

Adam, noch zögerlich, aber neugierig, rutschte näher heran. "Wird das wirklich helfen?" fragte er, unsicher, ob Wissen seine Angst vertreiben konnte.

"Manchmal, wenn wir mehr über das wissen, was uns Angst macht, wird es weniger beängstigend," erklärte sein Vater und öffnete eine kinderfreundliche Website über Luftfahrt.

Die erste Seite, die sie besuchten, erklärte, wie ein Flugzeug fliegt. "Schau, Adam," sagte seine Mutter und zeigte auf die Bilder von Flugzeugflügeln. "Diese Flügel sind so gestaltet, dass sie das Flugzeug in der Luft halten. Es ist wie Magie, nur dass es Wissenschaft ist!"

Adam sah sich die Diagramme und Erklärungen an, wie die Luft unter den Flügeln schneller fließt und über den Flügeln langsamer, was das Flugzeug nach oben zieht. "Das ist also Auftrieb," murmelte er und begann, sich die unsichtbaren Kräfte vorzustellen, die das Flugzeug in der Luft hielten.

Dann klickten sie auf einen Abschnitt, der die verschiedenen Geräusche in einem Flugzeug erklärte. "Siehst du, jedes Geräusch, das du in einem Flugzeug hörst, hat einen Grund," sagte sein Vater. "Das Geräusch, wenn das Flugzeug startet, ist nur der Motor, der stark genug wird, um uns in die Luft zu bringen."

Sie sahen sich auch ein Video an, in dem ein Pilot die verschiedenen Phasen eines Fluges erklärte. Der Pilot sprach über den Start, den Flug und die Landung und erklärte, dass die Piloten für all diese Phasen gut ausgebildet sind.

"Die Piloten und die Flugbegleiter sind da, um sicherzustellen, dass alles sicher ist," fügte seine Mutter hinzu. "Sie fliegen jeden Tag und helfen Menschen wie uns, sicher an ihr Ziel zu kommen."

Schließlich lasen sie einige Fakten über die Sicherheit von Flugreisen, die zeigten, wie Fliegen zu den sichersten Reisemethoden gehört. "Du hast eine größere Chance, vom Blitz getroffen zu werden, als in einem Flugzeugunfall," sagte sein Vater scherzhaft, obwohl Adam nicht ganz sicher war, ob das beruhigend war.

Als sie die Recherche beendeten, schloss Adams Mutter den Laptop. "Fühlst du dich jetzt ein bisschen besser, Schatz?" fragte sie.

Adam nickte langsam. "Ein bisschen," gab er zu. "Es hilft, mehr darüber zu wissen."

"Und wir lernen zusammen, richtig?" sagte sein Vater, legte eine Hand auf seine Schulter und lächelte ihn an.

Adam lächelte zurück, ein wenig beruhigt durch das Wissen und die Unterstützung seiner Familie. Vielleicht, dachte er, war das Fliegen nicht so unheimlich, wenn man verstand, wie es funktionierte.

Kapitel 3: Die Begegnung

Einige Tage vor dem Flug beschlossen Adams Eltern, ihm einige Entspannungstechniken beizubringen, die ihm helfen könnten, sich während des Fluges ruhiger zu fühlen.

"Wir werden heute etwas Neues ausprobieren, Adam," sagte seine Mutter, als sie sich im Wohnzimmer auf eine bequeme Matte setzten. "Es nennt sich Atemübung, und es kann dir helfen, dich zu beruhigen, wenn du nervös bist."

Adam sah neugierig zu, als seine Mutter tief einatmete, ihre Brust sich hob, und dann langsam ausatmete. "Versuche es mit mir. Atme tief ein und stelle dir vor, wie deine Lunge sich mit Luft füllt, wie ein Ballon."

Adam tat, wie ihm geheißen wurde, und füllte seine Lungen mit Luft, hielt den Atem einen Moment lang an und atmete dann langsam aus. "Und wenn du ausatmest, stelle dir vor, wie all deine Angst und Anspannung mit dem Atem hinausgehen," erklärte seine Mutter.

Sie wiederholten die Atemübungen mehrere Male, wobei seine Mutter ihn anleitete, sich auf seinen Atem zu konzentrieren und alles andere aus seinem Geist zu verbannen.

"Jetzt, Adam," sagte sein Vater, "wir haben noch ein Spiel. Es heißt 'Muskelentspannungsspiel'. Wir werden unsere Muskeln erst anspannen und dann entspannen, damit wir fühlen können, wie Entspannung wirklich ist."

Sie begannen mit den Zehen, ballten sie zusammen und entspannten sie dann, arbeiteten sich hoch zu den Beinen, dem Bauch, den Armen und schließlich dem Gesicht. Adam lachte, als er versuchte, seine Stirn zu runzeln und dann zu entspannen.

"Das ist lustig," sagte Adam, als er seine Handgelenke lockerte.

"Ja, und es hilft deinem Körper und deinem Geist, sich zu entspannen," antwortete seine Mutter. "Du kannst diese Übungen jederzeit machen, wenn du dich im Flugzeug unruhig fühlst. Sie sind wie kleine Werkzeuge, die du in deiner Tasche trägst."

Adam fühlte sich nach den Übungen ruhiger und ein wenig stolz, neue Wege gelernt zu haben, um sich selbst zu beruhigen. "Kann ich das immer machen, wenn ich nervös bin?" fragte er.

"Natürlich," sagte sein Vater und zwinkerte ihm zu. "Jederzeit und überall."

Mit diesen neuen Werkzeugen in seinem Arsenal fühlte Adam sich ein wenig sicherer im Hinblick auf seine bevorstehende Reise. Er wusste, dass die Angst vielleicht nicht ganz verschwinden würde, aber jetzt hatte er etwas, das ihm helfen konnte, sie zu bewältigen.

Kapitel 4: Der große Tag

Der Morgen der Abreise war angebrochen, und die Sonne kämpfte sich durch die grauen Wolken, als Adam und seine Familie ihre Koffer ins Auto luden. Adam fühlte, wie ein Knoten in seinem Magen wuchs, jeder Blick auf die Koffer erinnerte ihn daran, was bevorstand.

"Alles in Ordnung, Adam?" fragte sein Vater, während er den Sicherheitsgurt überprüfte.

"Ja, ich denke schon," antwortete Adam, obwohl seine Stimme zitterte.

Die Fahrt zum Flughafen war eine Mischung aus stillen Momenten und gelegentlichen Gesprächen. Adams Eltern versuchten, die Stimmung mit Geschichten und Scherzen aufzulockern, aber die Anspannung war wie eine unsichtbare Wolke im Auto spürbar.

Adam starrte aus dem Fenster, beobachtete, wie die Stadt vorbeizog, und versuchte, seine Gedanken zu ordnen. Er erinnerte sich an die Atemübungen, die er gelernt hatte, und versuchte, sie still zu praktizieren, während die Landschaft draußen zu einem verschwommenen Gemälde verschmolz.

Als sie sich dem Flughafen näherten, begann Adams Herz schneller zu schlagen. Die riesigen Schilder, die Flugzeuge, die in der Ferne abhoben – all das machte die Realität des bevorstehenden Fluges umso greifbarer.

"Wir sind da," verkündete seine Mutter, als sie in die Einfahrt des Flughafens einbogen.

Seine Hand zitterte leicht, als er aus dem Auto stieg. Die Luft war erfüllt vom Geruch von Kerosin und dem Geräusch von Rollkoffern auf dem Asphalt. Alles fühlte sich überwältigend echt an, und der Gedanke, dass er bald in einem dieser Flugzeuge sitzen würde, ließ seinen Magen sich umdrehen.

"Komm, Adam, wir gehen zusammen rein," sagte seine Mutter, nahm seine Hand und führte ihn durch die automatischen Türen des Flughafengebäudes.

Adam schluckte hart. Der Flughafen war ein gigantisches Gebäude, ein pulsierendes Herz aus Menschen und Maschinen. Er konnte das ferne Dröhnen der Flugzeugmotoren hören, ein Geräusch, das ihm einen Schauer über den Rücken jagte.

Nachdem sie die Sicherheitskontrolle passiert hatten, fanden sich Adam und seine Familie im weitläufigen Wartebereich des Flughafens wieder. Die Sitzreihen waren gefüllt mit Menschen, einige lasen, andere tippten auf ihren Handys, und Kinder rannten herum, gefüllt mit ungebändigter Energie.

Die hohen Decken, die Menschenmassen, die Monitore mit Abflugzeiten – all das fühlte sich wie eine andere Welt an. Adam spürte, wie seine Eltern versuchten, ihm Sicherheit zu geben, aber die Nervosität war wie eine dicke Decke, die sich um ihn legte.

Adam saß still, sein Blick fest auf die großen Fenster gerichtet, durch die er die Flugzeuge beobachten konnte. Sie wirkten so massiv, ihre Turbinen ein sanftes Murmeln in der Ferne. "Wie kann so etwas Schweres fliegen?" fragte er sich.

Während sie im Wartebereich saßen, bemerkte Adam ein Mädchen in seinem Alter, das ein paar Sitze weiter saß und genauso nervös aussah wie er. Ihre Knie zitterten leicht, und sie hielt ein kleiner, abgenutzter Teddybär fest in ihren Händen.

Mit einem sanften Schubser seiner Mutter näherte sich Adam zögerlich. "Hi, ich bin Adam. Bist du auch nervös wegen des Fliegens?" fragte er leise.

Das Mädchen blickte auf und nickte. "Ich bin Mia. Ja, ich mag Flugzeuge nicht sehr... sie sind so laut und... und hoch."

Adam setzte sich neben sie. "Ich auch. Aber meine Eltern haben mir einige Dinge beigebracht, um ruhig zu bleiben. Wie Atemübungen und Muskelentspannung."

Mias Augen leuchteten ein wenig auf. "Wirklich? Kannst du mir davon erzählen?"

Während Adam und Mia sich austauschten, bemerkte ein Flugbegleiter, der vorbeiging, ihr Gespräch. Er kniete sich neben sie. "Hallo, ich bin Marco, einer der Flugbegleiter. Ich habe gehört, dass ihr beide ein bisschen nervös seid. Wisst ihr, ich hatte auch Angst vor dem Fliegen, als ich jünger war."

"Du hattest Angst?" fragte Adam ungläubig. Ein Flugbegleiter, der Angst vor dem Fliegen hatte?

Marco nickte. "Ja, aber ich habe diese Angst überwunden. Ich habe viel über Flugzeuge gelernt, genau wie ihr, und mit der Zeit habe ich gesehen, wie sicher und faszinierend das Fliegen sein kann. Jedes Mal, wenn ich fliege, erinnere ich mich daran, wie weit ich gekommen bin."

"Und jetzt fliegst du die ganze Zeit?" fragte Mia mit einem Hauch von Bewunderung in ihrer Stimme.

"Genau," lächelte Marco. "Und wenn ihr wollt, kann ich euch während des Fluges ein paar Dinge zeigen und erklären. Wir können sogar ins Cockpit schauen, wenn der Kapitän zustimmt."

Die Aussicht, mehr über das Flugzeug zu erfahren und einen Verbündeten an Bord zu haben, schien sowohl Adam als auch Mia zu beruhigen. Als die Zeit zum Einsteigen kam, fühlten sie sich nicht mehr ganz so allein mit ihrer Angst.

"Siehst du," flüsterte Adam zu Mia, während sie die Gangway entlanggingen, "wir schaffen das schon. Zusammen."

Und so, mit einem neuen Freund an seiner Seite und der Ermutigung von jemandem, der seine Angst überwunden hatte, fühlte Adam, wie seine eigene Angst ein wenig nachließ, bereit, sich der Herausforderung des Fliegens zu stellen.

"Flight 247 nach Barcelona, jetzt beginnt das Boarding am Gate 5A," erklang eine Stimme über das Lautsprechersystem. Das war ihr Flug. Adams Herz begann zu rasen.

"Das sind wir," sagte sein Vater, stand auf und nahm den Rollkoffer. Adam griff instinktiv nach der Hand seiner Mutter, seine Handflächen waren kalt und schweißnass.

(Trotz seiner Angst spürte Adam jedoch auch einen Funken Mut in sich. Er erinnerte sich an die Worte des Flugbegleiters Marco, an Mias ängstliches Lächeln und daran, dass er nicht allein war. Mit jedem Schritt, den er im Flughafen machte, fühlte er, wie seine Entschlossenheit wuchs.)

Die Schlange am Gate war lang, und die Minuten des Wartens fühlten sich wie Stunden an. Adam beobachtete, wie Passagiere ihre Bordkarten vorzeigten und durch die schmale Tür verschwanden, eine nach der anderen, bis sie an der Reihe waren.

"Alles wird gut, Adam," flüsterte seine Mutter, während sie ihre Bordkarten übergaben und langsam den Jetway entlanggingen, der Tunnel, der sie zum Flugzeug führte.

Als sie das Flugzeug betraten, empfing sie ein freundliches Lächeln von einem Flugbegleiter. "Willkommen an Bord," sagte er, und Adam konnte nicht anders, als zurückzulächeln, obwohl sein Magen sich verkrampfte.

Ihre Sitze waren in der Mitte des Flugzeugs, und als Adam sich niederließ, fühlte er, wie das Flugzeug unter ihm lebendig war. Die Sitze waren enger als erwartet, und die Kabine war erfüllt mit einem Gemisch aus Stimmen und dem Geräusch von Gepäck, das in die Fächer verstaut wurde.

Als er aus dem kleinen Fenster neben ihm blickte, sah er, wie das Bodenpersonal damit beschäftigt war, das Flugzeug für den Start vorzubereiten. Die Realität, dass er bald in der Luft sein würde, war überwältigend.

Doch dann erinnerte er sich an Mias ängstliches Lächeln und an Marcos ermutigende Worte. Er schloss die Augen, atmete tief ein und aus, genau wie seine Mutter es ihm beigebracht hatte. Er spürte, wie seine Mutter seine Hand drückte, ein stilles Versprechen, dass sie da war, bei ihm.

Er war auf dem Weg, seine Angst zu konfrontieren, und mit der Unterstützung seiner Familie und der neuen Freundschaften, die er geschlossen hatte, begann er zu glauben, dass er vielleicht, nur vielleicht, dazu bereit war.

Als das Flugzeug anfing, sich zu bewegen, bereit zum Taxiing, öffnete Adam seine Augen. Die Welt draußen begann zu gleiten, langsam zuerst, dann schneller. Adam hielt den Atem an, aber in seinem Herzen begann ein kleines Feuer der Entschlossenheit zu brennen. Er war bereit, sich seiner Angst zu stellen, unterstützt von der Liebe seiner Familie und der Solidarität eines neuen Freundes.

Kapitel 5: Über den Wolken

Als das Flugzeug auf der Startbahn beschleunigte, spürte Adam, wie seine Angst zu einem fast überwältigenden Crescendo anstieg. Die Welt außerhalb seines Fensters wurde zu einem verschwommenen Wirbel aus Farben, als das Flugzeug schneller und schneller wurde.

Er erinnerte sich an die Worte seiner Mutter und begann tief durch die Nase einzuatmen, hielt den Atem kurz an und atmete dann langsam durch den Mund aus. Er wiederholte die Atemübungen, jede Zelle seines Körpers darauf konzentriert, den Rhythmus seines Atems zu kontrollieren.

Neben ihm machte Mia ähnliche Atemübungen, ihre Augen fest geschlossen. Adam fühlte eine stille Solidarität mit ihr; sie waren beide im selben Boot, oder besser gesagt, im selben Flugzeug.

Als das Flugzeug abhob, spürte Adam ein seltsames Gefühl der Leichtigkeit, fast als würde er schweben. Es war anders als alles, was er zuvor gefühlt hatte, und für einen Moment vergaß er seine Angst. Er blickte hinaus und sah, wie die Gebäude und Autos kleiner wurden, bis sie wie Spielzeug aussahen.

"Schau, Adam, wir fliegen!" sagte seine Mutter und zeigte aus dem Fenster.

Adam blickte hinaus und war für einen Moment von dem Anblick überwältigt. Die Wolken sahen aus wie ein riesiges, flauschiges Meer, und die Sonne malte den Himmel in den schönsten Farben, die er je gesehen hatte. Es war, als hätte er eine völlig neue Welt entdeckt.

Sein Herz klopfte immer noch schnell, aber jetzt mischte sich ein Gefühl von Staunen und Faszination dazu. Er erkannte, dass das Fliegen ihm eine Perspektive bot, die er am Boden nie erleben würde.

"Es ist... schön," flüsterte er, seine Angst allmählich dem Staunen weichend.

Als das Flugzeug seine Reisehöhe erreichte und sich stabilisierte, fühlte sich Adam mutiger. Er begann, die Kabine zu erkunden, schaute aus dem Feniseter, spielte mit dem kleinen Tisch vor ihm und lauschte den sanften Geräuschen des Flugzeugs.

Marco, der Flugbegleiter, kam vorbei und lächelte ihm zu. "Wie fühlst du dich, Adam?"

"Es ist besser als ich dachte," antwortete Adam, ein Lächeln umspielte seine Lippen. "Es ist eigentlich ziemlich cool."

Während der restlichen Flugzeit schaute Adam fasziniert aus dem Fenster, beobachtete die Wolken und die Landschaft darunter und fühlte, wie seine Angst durch Neugierde und Wunder ersetzt wurde. Er hatte gelernt, seine Angst zu bewältigen, und dabei die Schönheit des Fliegens entdeckt.

Kapitel 6: Das neue Abenteuer

Nach mehreren Stunden in der Luft begann das Flugzeug seinen Abstieg. Adam sah hinaus, wie die Wolken sich lichteten und eine neue Landschaft zum Vorschein kam. Die Aufregung im Flugzeug war fast greifbar, als die Passagiere sich auf die Landung vorbereiteten.

Adam fühlte eine Mischung aus Erleichterung und Vorfreude. Er hatte es geschafft; er war geflogen, und obwohl seine Angst nicht vollständig verschwunden war, hatte er sie kontrolliert und war darüber hinausgewachsen.

Als das Flugzeug mit einem sanften Rumpeln auf der Landebahn aufsetzte, konnte Adam nicht anders, als zu lächeln. Er blickte zu Mia, die ebenfalls lächelte, und zu seinen Eltern, die stolz und erleichtert aussahen.

"Wir sind angekommen," sagte seine Mutter, ihre Stimme voller Freude.

Adam nickte, immer noch ein wenig in Ehrfurcht vor dem, was er erlebt hatte. Er fühlte sich, als hätte er eine persönliche Grenze überschritten, eine Barriere in seinem Kopf, die ihm sagte, er könne das nicht tun.

Als sie das Flugzeug verließen und in die Ankunftshalle traten, war das Gefühl der festen Erde unter seinen Füßen noch nie so willkommen. Er sah sich um, alles war neu und aufregend, und er fühlte sich, als wäre er Teil eines großen Abenteuers.

"Du hast großartig gemacht, Adam," sagte sein Vater, legte ihm eine Hand auf die Schulter.

"Ja," stimmte Adam zu, ein Gefühl des Stolzes schwoll in seiner Brust. "Ich habe es wirklich getan."

Die Reise hatte mehr als nur eine physische Distanz überbrückt; sie hatte Adam geholfen, zu wachsen, sich seinen Ängsten zu stellen und sie zu überwinden. Während sie ihre Koffer vom Gepäckband nahmen, fühlte Adam eine neue Welle von Aufregung über die Möglichkeiten, die vor ihm lagen.

Er hatte das Fliegen nicht nur erlebt, sondern er hatte auch entdeckt, dass er mutiger war, als er je gedacht hatte. Und jetzt, am Ziel seiner Reise, blickte er neugierig auf die neuen Erfahrungen, die vor ihm lagen, bereit, sich weiteren Herausforderungen zu stellen, mit der Gewissheit, dass er das Zeug dazu hatte, sie zu bewältigen.

Nachdem sie ihr Hotel erreicht hatten und sich in ihren Zimmern eingerichtet hatten, fand Adam einen ruhigen Moment auf dem Balkon, um über die vergangenen Ereignisse nachzudenken. Unter ihm breitete sich die neue Stadt aus, pulsierend und lebendig, ein Symbol für das Abenteuer, das er gerade erlebt hatte.

Er dachte zurück an die Zeit vor dem Flug, an die zitternden Hände und das pochende Herz, an die Angst, die so real und mächtig erschienen war. Doch nun, nachdem er den Himmel durchquert hatte, fühlte sich diese Angst kleiner an, beherrschbarer.

Adam erkannte, dass die Angst vor dem Unbekannten oft größer ist als die Realität selbst. Er hatte gelernt, dass das Wissen um das, was ihn ängstigte, die Angst verringern konnte, und dass die Unterstützung von anderen – seiner Familie, einem neuen Freund und sogar einem freundlichen Flugbegleiter – einen enormen Unterschied machte.

Er dachte an die Techniken, die er angewendet hatte, um seine Nervosität zu beruhigen, und wie sie ihm geholfen hatten, sich nicht von seiner Angst überwältigen zu lassen. Er hatte verstanden, dass Mut nicht bedeutet, keine Angst zu haben, sondern trotz der Angst voranzuschreiten.

Adam fühlte eine Welle des Stolzes über sich kommen. Er hatte etwas getan, von dem er nie gedacht hätte, dass er es könnte. Er hatte seine Angst nicht nur konfrontiert, sondern auch überwunden. Dieses Wissen gab ihm ein neues Gefühl von Selbstvertrauen und eine Ahnung davon, dass er, wenn er diese Angst überwinden konnte, auch anderen Herausforderungen ins Auge blicken könnte.

Während er über die funkelnden Lichter der Stadt blickte, fühlte er eine Erregung über die Zukunft, über die neuen Erfahrungen, die noch auf ihn warteten. Er hatte eine Reise hinter sich, nicht nur zu einem neuen Ort, sondern auch in sein Inneres, und er war davon verändert zurückgekommen.

Mit einem tiefen Atemzug lehnte sich Adam zurück und lächelte in die kühle Abendluft. Er war nicht mehr derselbe Junge, der mit zitternden Knien zum Flughafen gefahren war. Er war mutiger, stärker und bereit, die Welt mit neuen Augen zu sehen.

Schlusswort

Als Adam auf dem Balkon stand und über seine Reise nachdachte, war er sich bewusst geworden, dass jede Herausforderung, der er im Leben begegnen würde, wie sein Flug war: beängstigend zu Beginn, aber letztendlich eine Quelle von Wachstum und Selbstentdeckung.

Dieses Buch erzählt von einem kleinen Jungen, der lernte, groß zu träumen und mutig genug war, diesen Träumen zu folgen, auch wenn sie ihn in den Himmel führten. Es ist eine Geschichte, die uns lehrt, dass die Flügel des Mutes uns zu neuen Höhen tragen können, auch wenn wir uns zunächst vor dem Abheben fürchten.

Adam möchte seine Geschichte mit euch teilen, damit ihr wisst, dass es in Ordnung ist, Angst zu haben. Was wirklich zählt, ist, wie wir uns diesen Ängsten stellen. Mit Wissen, Unterstützung und dem Glauben an uns selbst können wir über unsere Ängste hinauswachsen und entdecken, dass das, was auf der anderen Seite wartet, oft wunderschön und lohnenswert ist.

Lasst uns also wie Adam sein – mutig, neugierig und immer bereit, zu lernen und zu wachsen. Denn jede Reise, egal wie beängstigend sie zu Beginn erscheinen mag, ist eine Chance, mehr über die Welt und uns selbst zu erfahren.

Und so endet unsere Geschichte über Adam, aber eure eigenen Geschichten, eure Abenteuer und eure Reisen stehen erst am Anfang. Möget ihr sie mit ebenso viel Mut und Entschlossenheit angehen wie Adam, unser kleiner Held des Himmels.

Ali und der Tanz des Mutes

Einleitung: Ali und die Mutspinne

In einem bunten Dorf, umgeben von grünen Hügeln und lebhaften Blumen, lebte ein fröhlicher Junge namens Ali. Ali hatte lockige braune Haare, strahlende Augen und ein Lächeln, das so hell war wie der sonnige Himmel über ihm. Er liebte es, draußen zu sein, zu rennen, zu springen und die Geheimnisse der Natur zu erkunden. Der Garten hinter seinem Haus war sein Lieblingsort, wo er Schmetterlingen nachjagte, mit seinen Freunden Verstecken spielte und im Gras lag, um die flauschigen Wolken zu beobachten.

Aber trotz seiner Abenteuerlust gab es eine Sache, die Ali sehr fürchtete – Spinnen. Selbst die kleinste Spinne konnte ihn erschaudern lassen und sein fröhliches Lachen in einen besorgten Blick verwandeln. Ali wusste nicht genau, warum er so Angst vor Spinnen hatte; es war einfach ein Gefühl, das tief in ihm saß, jedes Mal, wenn er die vielen Beine und die schnellen Bewegungen der kleinen Kreaturen sah.

Eines Tages, als Ali im Garten spielte und eine versteckte Ecke erkundete, sah er etwas, das sein Herz schneller schlagen ließ – eine große, haarige Spinne, die friedlich in ihrem Netz saß. Ali erstarrte, sein Atem beschleunigte sich, und ein Wirbelwind aus Gedanken und Ängsten wirbelte durch seinen Kopf. In diesem Moment begann eine unerwartete Reise für Ali, eine Reise, die ihn lehren würde, was wahrer Mut bedeutet.

Alis Begegnung mit der Spinne

An diesem strahlenden Nachmittag war Alis Neugierde grenzenlos, als er durch den Garten streifte, versteckte Winkel erkundete und den Duft der wilden Blumen einatmete. Mit seinen kleinen Händen schob er vorsichtig die Blätter beiseite, entdeckte Käfer und beobachtete, wie Bienen von Blüte zu Blüte tanzten. Seine Welt war voller Wunder, bis ein unerwarteter Anblick seine Abenteuerlust auf die Probe stellte.

In einer ruhigen Ecke des Gartens, geschützt unter einem Blatt, entdeckte Ali ein großes Spinnennetz. Es funkelte im Sonnenlicht, kunstvoll gewebt und fast magisch. Aber was sein Herz zum Stolpern brachte, war die Bewohnerin des Netzes – eine große Spinne, die geduldig in der Mitte saß, ihre Beine bereit, jede Bewegung zu spüren.

Alis Augen weiteten sich vor Schreck. Die Spinne, mit ihrem haarigen Körper und den scharfen Blicken, schien ihm riesig. Sein Atem beschleunigte sich, und seine Beine fühlten sich plötzlich schwer an, als würden sie ihn nicht mehr tragen wollen. Der Impuls zu fliehen, weg von diesem Ort des Schreckens, war überwältigend. Sein Herz klopfte wie wild, und jede Faser seines Körpers schrie danach, zu rennen, so schnell und so weit wie möglich.

Doch in diesem Moment der Angst war da auch ein Funken Neugierde. Warum saß die Spinne so still? War sie auch ängstlich? Ali spürte, wie seine Angst mit seinem Wunsch kämpfte, mehr zu verstehen. Trotz seines Instinkts zu fliehen, spürte er eine zarte Regung von Mut in sich. War es möglich, dass diese kleine Begegnung etwas in ihm weckte, eine Kraft, die er noch nicht kannte?

Stehend, mit zitternden Knien, blickte Ali auf die Spinne. Er war hin- und hergerissen zwischen Angst und Faszination, und in diesem Augenblick begann sich etwas in ihm zu verändern. Der Garten, der bis dahin ein Ort reiner Freude war, hatte nun eine neue Lektion für ihn bereit – eine Lektion über Mut, die in der stillen Begegnung mit einer Spinne begann.

Die weise Eule

Während Ali, gefangen in seinem Zwiespalt, die Spinne beobachtete, hörte er plötzlich eine sanfte, ruhige Stimme. "Warum zitterst du, junger Freund?" fragte die Stimme. Überrascht und ein wenig erleichtert, dass seine Gedanken von der Spinne abgelenkt wurden, blickte Ali auf und sah in die klugen Augen einer weisen alten Eule, die sich auf einem nahen Ast niedergelassen hatte. Ihre Federn glänzten im Sonnenlicht, und ihre tiefen Augen schienen voller Geschichten und Geheimnisse zu sein.

"Ich... ich habe Angst vor der Spinne," gestand Ali, seine Stimme ein leises Flüstern.

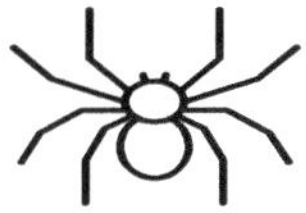

Die Eule neigte den Kopf, betrachtete die Spinne und dann wieder Ali. "Angst ist ein natürlicher Teil des Lebens," sagte sie sanft. "Aber weißt du, junger Ali, Mut bedeutet nicht, keine Angst zu haben. Mut bedeutet, deine Angst zu erkennen und ihr ins Gesicht zu blicken. Jeder trägt Mut in sich, manchmal benötigen wir nur ein wenig Hilfe, um ihn zu finden."

Ali blickte neugierig auf die Eule. "Wie finde ich diesen Mut?" fragte er.

"Indem du verstehst," antwortete die Eule. "Verstehen, warum du Angst hast, und lernen über das, was dir Furcht einflößt. Wissen ist ein mächtiger Freund im Kampf gegen die Angst."

Die Eule flatterte näher, ihre Augen sanft und ermutigend. "Schau die Spinne an, Ali. Sie tut dir nichts. Sie lebt ihr Leben, genau wie du. Vielleicht, wenn du mehr über sie lernst, wirst du sehen, dass sie nicht so furchterregend ist, wie du denkst."

Ali spürte, wie sich etwas in ihm verschob. Die Worte der Eule waren wie ein Schlüssel, der eine Tür in seinem Inneren öffnete. Vielleicht hatte er wirklich den Mut in sich, dieser Angst zu begegnen, dachte er. Und vielleicht, mit ein wenig Wissen und Verständnis, könnte er lernen, seine Angst vor Spinnen zu überwinden.

"Danke," flüsterte er zur Eule, die ihm ein weises Nicken schenkte, bevor sie ihre Flügel ausbreitete und lautlos in den Himmel glitt. Ali stand da, seine Augen wieder auf die Spinne gerichtet, aber diesmal mit einem neuen Gefühl in seinem Herzen – der Keim des Mutes, genährt durch die weisen Worte der Eule.

Ali lernt über Spinnen

Nachdem die weise Eule in den Himmel aufgestiegen war, blieb Ali mit einem neuen Gefühl des Staunens zurück. Inspiriert von ihren Worten, beschloss er, mehr über die Spinne zu lernen. Er ging in die Bibliothek seines Hauses, wo Bücher voller Wunder und Wissen darauf warteten, entdeckt zu werden. Mit zitternden Händen zog er ein Buch über Insekten und Spinnen heraus und begann zu lesen.

Ali lernte, dass Spinnen faszinierende Wesen sind. Sie spielen eine wichtige Rolle in der Natur, indem sie Insektenpopulationen kontrollieren. Ohne Spinnen könnten viele Pflanzen und Kulturen von Schädlingen überwältigt werden. Er fand heraus, dass Spinnen verschiedene und kunstvolle Netze weben, nicht um Menschen zu erschrecken, sondern um ihre Beute zu fangen. Ali war erstaunt zu erfahren, dass Spinnen sogar dabei helfen, Krankheiten zu verhindern, indem sie Insekten fressen, die Schädlinge für Menschen und Pflanzen sein können.

Mit jedem gelesenen Wort begann Alis Angst zu schwinden und sein Wissen zu wachsen. Er verstand jetzt, dass Spinnen mehr Freunde als Feinde der Menschen sind. Diese Erkenntnis ließ ihn die Spinne im Garten mit anderen Augen sehen. Sie war nicht länger ein Symbol der Angst, sondern ein faszinierendes Lebewesen, das eine wichtige Rolle in der Ökologie spielte.

Als er das Buch schloss, fühlte Ali eine Welle des Stolzes. Er hatte seine Angst nicht nur anerkannt, sondern sich auch dem Wissen gestellt, um sie zu überwinden. Ali erkannte, dass Wissen tatsächlich eine Form von Mut ist – der Mut, sich dem Unbekannten zu stellen und zu lernen, statt wegzulaufen.

Mit neuem Verständnis und einem Gefühl der Bewunderung für die natürliche Welt kehrte Ali in den Garten zurück. Er näherte sich der Stelle, an der die Spinne ihr Netz gewebt hatte, diesmal nicht mit Angst, sondern mit Neugier. Er beobachtete, wie sie geschickt ihr Netz reparierte, und er fühlte eine Verbindung, ein Gefühl des Respekts zwischen ihm und der kleinen Kreatur.

Ali hatte gelernt, dass Mut in vielen Formen kommt und dass einer der größten Akte des Mutes darin besteht, sich seinen Ängsten zu stellen und sie durch Wissen und Verständnis zu überwinden. Die Spinne, einst ein Objekt seiner Furcht, war nun ein Lehrer, ein Beispiel für die Schönheit und Komplexität der Natur.

Alis mutige Tat

Nachdem Ali sein Wissen über Spinnen vertieft hatte, fühlte er sich wie verwandelt. Die Sonne neigte sich dem Horizont zu, und goldenes Licht durchflutete den Garten, als Ali einen Entschluss fasste, der sein bisheriges Verhalten völlig auf den Kopf stellte.

Während er durch den Garten ging, bemerkte er, dass die Spinne aus ihrem Netz gefallen war und sich nun auf dem Boden befand, sichtlich kämpfend, um zurückzukehren. Ihre Beine strampelten in der Luft, während sie versuchte, sich umzudrehen. Ali spürte, wie sein Herz pochte – nicht aus Angst, sondern aus Mitgefühl.

Er erinnerte sich an die Worte der Eule: "Mut bedeutet, deine Angst zu erkennen und ihr ins Gesicht zu blicken." Dies war der Moment, in dem Ali seinen Mut unter Beweis stellen konnte. Er nahm ein tiefes, beruhigendes Atemzug und kniete sich neben die Spinne. Mit einer sanften und zögerlichen Geste streckte er seinen Finger aus, um der Spinne eine Brücke zurück in ihr Netz zu bieten.

Zu seiner eigenen Überraschung kletterte die Spinne ohne Zögern auf seinen Finger. Ali konnte ihr Gewicht kaum spüren, es war so leicht wie ein Flüstern. Mit äußerster Sorgfalt und unter den erstaunten Blicken einiger Garteninsekten hob er seine Hand und half der Spinne, zurück in ihr Netz zu gelangen.

Als die Spinne sicher in ihrem Zuhause angekommen war, fühlte Ali eine Welle der Erleichterung und des Stolzes durch sich strömen. Er hatte nicht nur seine Angst überwunden, sondern hatte auch einem anderen Lebewesen in Not geholfen. Die Spinne, nun sicher in ihrem Netz, schien fast zu Ali hinüberzunicken, als ob sie ihm für seine Großzügigkeit dankte.

Ali stand auf, sein Herz voller Freude und sein Geist erleuchtet durch die Lektionen des Tages. Er hatte gelernt, dass Mut mehr ist als heldenhafte Taten; es ist die Fähigkeit, über seine eigenen Ängste hinauszugehen, Verständnis und Mitgefühl für andere zu zeigen, auch wenn sie klein und unbedeutend erscheinen mögen.

Von diesem Tag an war Ali im Garten nicht mehr nur ein Spieler, sondern auch ein Beschützer. Er hatte gelernt, dass jede Kreatur, egal wie klein, ihren Platz in der Welt hat und dass Mut oft darin besteht, diesen Platz zu respektieren und zu schützen.

Schlussfolgerung: Die Lektion des Mutes

Als der Tag zu Ende ging und die Sterne am Himmel zu funkeln begannen, saß Ali in seinem Zimmer, sein Blick durch das Fenster in den Garten gerichtet, wo die Spinne nun sicher in ihrem Netz saß. Er fühlte sich anders als noch am Morgen – größer irgendwie, nicht nur in seiner Statur, sondern in seinem Herzen.

Ali hatte eine wichtige Lektion gelernt, eine Lektion über Mut und Angst. Er hatte entdeckt, dass Mut nicht das Fehlen von Angst ist, sondern die Entscheidung, das Richtige zu tun, auch wenn man sich fürchtet. Er hatte gelernt, dass seine Ängste, so groß sie auch scheinen mögen, nicht unüberwindlich sind, und dass Wissen und Verständnis mächtige Werkzeuge sind, um sie zu überwinden.

In dieser Nacht, als Ali einschlief, fühlte er eine tiefe Zufriedenheit in sich. Er war stolz auf sich selbst, nicht nur weil er der Spinne geholfen hatte, sondern auch, weil er sich seinen größten Ängsten gestellt und sie überwunden hatte. Er hatte gelernt, dass Mut in vielen Formen kommt und oft in den einfachsten Handlungen gefunden werden kann.

Abschließende Botschaft

Die Geschichte von Ali und der Spinne ist mehr als nur eine Erzählung; sie ist eine Botschaft an alle Kinder, die ihre eigenen Ängste haben. Sie zeigt, dass Angst ein Teil des Lebens ist, aber dass wir die Kraft haben, ihr mit Mut und Wissen zu begegnen. Sie lehrt uns, dass wir durch Verstehen und Mitgefühl unsere Ängste überwinden und herausfinden können, dass das, was wir fürchten, oft gar nicht so furchteinflößend ist, wie wir denken.

Ali und die Spinne laden Kinder ein, mutig zu sein, Fragen zu stellen, zu lernen und zu erkunden. Sie erinnern uns daran, dass jeder, egal wie klein oder ängstlich, die Kraft hat, mutig zu sein und Großes zu erreichen. Durch Mut, Mitgefühl und Wissen können wir unsere Ängste überwinden und eine Welt voller Verständnis und Freundlichkeit gestalten.

**Schlusswort: **

Liebe Leserinnen und Leser,

Mit den Geschichten von Carl, Noah, Hans und anderen haben wir gemeinsam eine Reise durch die vielfältigen Landschaften des Mutes, der inneren Stärke und des Selbstvertrauens unternommen. Jede Erzählung in diesem Buch beleuchtet die tiefgründige Wahrheit, dass wahre Größe und Stärke aus dem Inneren kommen, geformt durch Charakter, Taten und die Fähigkeit, sich Herausforderungen mit Mut und Mitgefühl zu stellen.

Die Charaktere, die Sie in diesen Geschichten kennengelernt haben, sind Spiegelbilder der vielfältigen Formen von Mut, die in der Welt existieren. Sie erinnern uns daran, dass jeder von uns, unabhängig von Alter oder Größe, die Kraft besitzt, Positives zu bewirken und die Welt um uns herum zum Besseren zu verändern.

Es ist unsere Hoffnung, dass diese Geschichten nicht nur unterhalten, sondern auch inspirieren, trösten und ermutigen. Mögen sie Samen des Mutes, der Hoffnung und des Vertrauens in Ihnen säen, die in den kommenden Tagen zu wunderschönen Blüten heranwachsen.

Möge jedes Kind, das dieses Buch liest, erkennen, wie wunderbar, großartig und liebevoll es ist, und möge jeder Erwachsene, der diese Zeilen teilt, die ewige Flamme der Kindheit und des Wunderns in seinem Herzen bewahren.

Mit den besten Wünschen für Ihre eigenen Abenteuer, groß und klein.

Rafia

Impressum

2024

1. Auflage

E-Mail: rafiasalam82@gmail.com